U0672490

公共服务均等化视角下
住房分层的民生福祉效应：

理论与实证

▶▶▶ 唐将伟◎著

中国言实出版社

图书在版编目(CIP)数据

公共服务均等化视角下住房分层的民生福祉效应：
理论与实证 / 唐将伟著. -- 北京：中国言实出版社，
2024.8. -- ISBN 978-7-5171-4921-7

Ⅰ. F299.233.1

中国国家版本馆CIP数据核字第2024TJ8738号

公共服务均等化视角下住房分层的民生福祉效应：理论与实证

责任编辑：王战星

责任校对：代青霞

出版发行：中国言实出版社

　　地　　址：北京市朝阳区北苑路180号加利大厦5号楼105室
　　邮　　编：100101
　　编辑部：北京市海淀区花园北路35号院9号楼302室
　　邮　　编：100083
　　电　　话：010-64924853（总编室）　010-64924716（发行部）
　　网　　址：www.zgyscbs.cn　电子邮箱：zgyscbs@263.net

经　　销：新华书店

印　　刷：北京虎彩文化传播有限公司

版　　次：2024年9月第1版　　2024年9月第1次印刷

规　　格：710毫米×1000毫米　　1/16　　15.75印张

字　　数：200千字

定　　价：75.00元

书　　号：ISBN 978-7-5171-4921-7

目 录

第1章 绪论

1.1 研究背景

不断改善民生福祉是国家兴旺发达的基础，是社会和谐稳定的保障，更是党和国家经济社会发展的根本目的。改革开放以来，中国经济建设取得了巨大成就，经济总量和居民收入都得到了大幅提升，民生福祉得到显著改善，居民获得感、民生福祉、安全感得到显著提升。然而还必须看到，人民生活水平得到大幅度提高的同时，"发展不平衡不充分问题仍然突出"，"群众在就业、教育、医疗、托育、养老、住房等方面面临不少难题"。

住房关系到民生福祉，是影响人民群众安居乐业和对美好生活向往的重要领域，也是政府乃至全社会关注的焦点问题。自1998年我国住房市场化改革以来，住房市场化、商品化、货币化改革逐渐取代了福利分房制度，住房制度改革极大地刺激了房地产市场的发展，房地产业一跃成为国民经济的支柱产业之一。房地产市场化带来了居民家庭整体住房条件的显著改善，人均居住面积得到显著提升，全社会居住问题整体上得到明显改善和提升。与此同时，国内整体房价也不断上涨，尤其是大城市房价的不断上涨，居民家庭买房难和租房难的问题长期突出。再加上租购不同权导致居民家庭有无住房在公共服务尤其是教育问题上的巨大差异，住房成为影响居民家庭幸福和社会稳定的重要因素。

在我国制度转轨的特殊背景下，计划经济向市场经济的转型以及住房福利化向市场化、商品化转变不断赋予住房多重的社会经济属性。随着经济社会的发展和房价的不断上涨，住房的多重社会经济属性进一步得到强化，这就使得住房对于绝大多数居民家庭而言具有更加丰富的意义。住房产权的获得、住房的资产财富效应以及围绕着住房所产生的其他社会公共资源分配差异，必然带来住房分配格局发生新的变化和新的住房分层秩序的形成，并对民生福祉带来重要的影响。住房市场化、商品化改革和房价上涨带来城市住房分配关系格局的不断变化与重塑，中国城市住房体制转变形成了以"住房权利"为基础的社会分层秩序（李斌等，2010）。同时房价的大幅上涨使得住房财富成为城市居民家庭重要的资产，而住房利益的分化和住房资产财富效应也成为居民经济利益分化和住房财富分层的主要标志（李强，2008）。因此，住房不仅是一个经济问题或民生问题，更是一个重要的社会问题。住房成为透视社会贫富差距和阶层分化的重要视角（刘祖云等，2010），越来越多地受到学术界的关注。

从党和国家政策层面来看，党的十八大以来，以习近平同志为核心的党中央高度重视民生福祉的改善，围绕公共服务均等化和住房制度改革提出了一系列重要措施。其中，党的十九大强调，我国社会的主要矛盾已经转化为人民日益增长的美好生活需要和不平衡不充分的发展之间的矛盾，要"坚持房子是用来住的、不是用来炒的定位，加快建立多主体供给、多渠道保障、租购并举的住房制度，让全体人民住有所居"，使人民获得感、民生福祉、安全感更加充实、更有保障、更可持续。2020年10月，《中共中央关于制定国民经济和社会发展第十四个五年规划和二〇三五年远景目标的建议》指出，"十四五"时期必须遵循坚持以人民为中心的原则，始终做到发展为了人民、发展依靠人民、发展成果由人民共享，维护人民根本利益，增进民生福祉，不断实现人民对美好生活的向往。2020年召开的中央经济工作会议进一步突出强调了住房对民生福祉的重要性。会议指出，要坚持房子是用来住的而不是用来炒的定位，因地制宜、多策并举，促进房地产市场平稳健康发展，解决好大城市住房突出问题，要促进房地产市场平稳健康发展，落实因城施策、租购并举，加大租赁市场发展，强化政府住房保障供给以及相应的配套政策落实出台。党的二十大报告提出，"中国式现代化是全体人民共同富裕的现代化"，"健全基本公共服务体系，提高公共服务水平，增强均衡性和可及性，扎实推进共同富裕"。同时，强调"坚持房子是用来住的、不是用来炒的定位，加快建立多主体供给、多渠道保障、租购并举的住房制度"。

2024年党的二十届三中全会指出，"加快建立租购并举的住房制度，加快构建房地产发展新模式。加大保障性住房建设和供给，满足工薪群体刚性住房需求"。"增强基本公共服务均衡性和可及性以及推行由常住地登记户口提供基本公共服务制度，推动符合条件的农业转移人口住房保障、随迁子女义务教育等享有同迁入地户籍人口同等权利。"

在此背景下，本书提出以下几个学术界和实践界普遍关注并亟须深入研究和破解的科学命题：一是在当前住房制度改革不断推进和深化的背景下，全社会住房分配格局发生了较大的变化，我国住房分层表现在哪些维度？如何从更为全面的视角进行审视和衡量？二是住房分层的多个维度对民生福祉的影响效应在我国特殊国情背景下通过哪些现实路径、机制产生影响？三是这些影响反映了我国城镇化和住房制度改革中存在什么问题，以及如何看待住房制度改革的设计和现实国情之间的矛盾冲突？四是未来住房制度改革应当如何破解住房分层影响民生福祉的机制？这些正是本书的研究所重点关注和论证的内容。

本书以住房分层对民生福祉的影响为主题来开展研究，将马克思主义社会分层和住房理论、马克斯·韦伯多元社会分层理论以及党的十八大以来我国住房、民生公共服务领域的政策理论运用到我国住房分层影响民生福祉的研究当中，将住房这一中国居民家庭中重要且特殊的社会综合性资源作为社会分层的重要划分标准，从公共服务不均衡导致的住房权利分层、住房财富分层和住房社区分层三个维度及其核心内涵进行理论机制分析和实证检验，从而论证住房分层对我国居民福祉的影响。通过深入分析住房分层对民生福祉的影响机理，结合我国特殊国情背景和住房制度改革进程中的现实制度安排，从多维度全面审视我国住房分层的表现领域及其对全社会居民家庭民生福祉带来的社会影响，阐释其内在影响机制，对于破解当前住房领域存在的突出问题、提升全社会居民家庭民生福祉具有十分重要的现实意义。

1.2　研究意义

本书以公共服务均等化视角下住房分层对民生福祉的影响效应为研究主题，分别从公共服务不均衡发展的视角分析住房权利分层、住房财富分层和住房社区分层三个维度进行理论和实证分析，通过利用中国综合社会调查（CGSS）近10年的微观数据进行实证检验，论证和检验了住房分层对民生福祉的影响以及这种影响在我国特殊国情和制度背景下的路径机制，具有十分重要的现实意义。

1.2.1 理论意义

（一）有助于构建住房分层影响民生福祉的多维理论分析框架

本书通过将马克思主义社会分层和住房理论与马克斯·韦伯的多元社会分层理论法律秩序、经济秩序和社会秩序嵌入到对住房分层的研究当中，分别从住房权利分层、住房财富分层和住房社区分层三个维度来衡量住房分层，进而构建了住房分层影响居民家庭福祉的多维理论分析框架，多维度、多视角地分析我国住房分层的表现领域，以及这些表现领域对民生福祉产生的影响。这样的理论分析框架的构建有助于更加全面地揭示当前我国住房制度改革带来住房分配秩序的新变化，尤其是反映住房多重社会经济属性不断显化的现实研究需要，从而弥补现有关于单一维度视角下住房分层理论的不足，进一步丰富了目前关于住房分层和民生福祉的相关理论研究。

（二）有助于深层次地分析住房民生福祉的内在作用机理

本书在论证住房分层影响民生福祉的理论机制过程中，从住房分层的法律秩序、经济秩序和社会秩序所对应的"权利""财富"和"身份"三个维度出发，然后将这三种机制与中国特殊国情和住房制度改革的现实制度安排紧密结合，从而在理论上论证了住房分层的三个维度住房权利、住房资产财富和住房社区分层对民生福祉的影响机理。尤其是结合马克思主义社会分层和住房理论以及马克斯·韦伯关于法律秩序、经济秩序和社会秩序的核心内涵解释，将住房权利进一步从住房产权获得、居住权的实现和租购不同权三个路径机制进行分析；将住房财富分层从影响居民家庭消费结构的路径机制进行分析；将住房社区分层从居民基于社区居住空间品质差异所带来的空间排斥和社会融入与社会身份认同等路径机制进行全面分析，进一步丰富了当前关于住房与民生福祉的理论机制的研究。

（三）有助于全面深入地论证我国住房制度改革带来的民生福祉效应

住房问题关系到人民群众安居乐业和对美好生活的向往，是民生福祉的重要内容，关系到每个家庭的切身利益，影响着每个人的生活质量和民生福祉，是福利经济学和社会福利理论关注的核心领域。本书在论证住房分层如何对民生福祉产生影响的分析过程中，将住房分层相关理论与社会分层理论、制度经济学理论、收入消费理论以及福利经济学等相关理论有效结合，从而论证了我国住房制度改革带来的民生福祉效应。而且，本书更加关注的是住房分层问题背后反映的居民家庭公共服务享受权利、公共服务资本化带来的家庭住房资产财富影响家庭消费以及住房社区带来的社会融入和身份认同等问题对居民福祉带来的深刻影响。显然，住房背后反映的居民权利，更是人民群众追求美好生活的重要领域。本书的研究既是对住房分层问题更加系统全面的认识，也是对住房分层带来民生福祉效应的更为深入的理论研究。因此，本书的研究有助于进一步拓展现有关于我国住房制度改革带来的民生福祉效应的理论分析。

1.2.2 现实意义

（一）有助于深刻理解住房的民生意义及其在推动共同富裕中的价值

住房问题是基本民生问题，是居民家庭关于社会基本住房以及围绕住房相关的公共服务享受的问题。换言之，住房问题如同城市建设的本质问题一样，也具有人民性。党和国家提出房子是用来住的而不是用来炒的，就明确了住房发展的首要和根本目的是为了满足人民的民生居住需求。住房的民生意义在于，在城镇化中实现人民的生存发展权利、资产财富积累和社会身份融入认同，是最终实现人民群众对美好生活的向往的重要衡量维度。"人民城市人民建，人民城市为人民"，住房作为承载城市建设、生产生活的重要民生物质实体，关系到城市建设和发展过程中的社会民生福祉，是城市人民性的集中体现。本书关于住房分层对民生福祉的研究，从住房分层的法律秩序、经济秩序和社会秩序所对应的住房权利、住房财富和住房社区融入身份关系三个维度对住房的民生意义进行系统性分析，从本质上论证了住房背后所揭示的人民群众对美好生活向往的三个方面的维度，即城市生存发展的权利、家庭资产财富和社会融入与社会身份认同。

（二）有助于全面认识当前我国住房分配秩序现实变化及其具体表现领域

从我国国情实际来看，住房制度改革初期，我国经济发展水平仍然较低，住房的多重社会经济属性尚未有效释放，住房分层问题相对而言不明显或者表现得相对较为单一。但是随着近年来我国经济社会的快速发展，尤其是我国房价的快速上涨和居高不下导致住房的多重社会经济属性不断凸显，全社会住房分配问题也变得日益突出，住房社会矛盾变得更加尖锐。住房的多重属性不断显化使得住房分层亟待从多维视角给予全面阐释。本书通过从住房分层的法律秩序、经济秩序和社会秩序来构建多维度分析框架，从住房权利分层、住房财富分层和住房社区分层三个维度论证住房分层对民生福祉的影响，有助于重新认识我国住房制度改革实践对全社会住房分配秩序的影响，进而有助于更加全面反映我国住房分配领域新的现实问题。

（三）有助于识别住房影响民生福祉的现实瓶颈，理清未来住房制度改革的现实障碍

住房问题关系人民群众的切身利益，是党和国家以及全社会十分关注的重大经济和社会问题。随着城镇化的不断推进，围绕住房分配不平等所导致的住房分层问题日益突出，这不仅不利于民生福祉的提升，也不利于社会的和谐稳定与经济健康的可持续发展。通过研究住房分层对民生福祉的影响，从多维度全面分析居民家庭住房分层状况，探究这种分层状况对民生福祉的现实影响机制，有助于识别我国住房制度安排对民生福祉影响的现实瓶颈，为未来住房制度改革提供有效的突破口。从本质上来看，住房分层的现实基础是由住房延伸到居民家庭的公共服务权利、公共服务资本化带来的住房资产财富积累和社会身份融入关系，理解这一问题有助于我们更深入地认识住房分层影响民生福祉的本质和核心，有助于我们在未来加快住房制度改革和破解大城市住房问题过程中，更好地保障全社会居民家庭公共服务均衡化分配，让全社会居民家庭分享经济社会发展成果，提升居住民生福祉。

1.3 研究方法

（一）文献综述法

本书关于住房分层对民生福祉的影响研究建立在国内外学者的已有研究的基础之上。首先通过梳理国内外关于社会分层、住房分层与民生福祉相关领域的最新研究成果，并对这些研究成果进行梳理、归纳、分类整理。通过对已有文献的归纳分析和评述，对目前国内外关于住房分层和民生福祉的研究现状形成一个系统清晰的认识，进而发现已有研究成果存在的不足之处，提出关于住房分层对民生福祉影响的研究切入点和创新点，以期对现有关于住房分层和民生福祉的研究领域作出有益补充。

（二）理论分析法

本书首先是对社会分层理论、住房分层理论和民生福祉相关理论的分析和相关概念的界定。在此基础上，构建包含住房与民生福祉的期望效用模型，利用马克斯·韦伯的多元社会分层理论，从法律秩序、经济秩序和社会秩序所对应的住房权利、住房财富和住房社区三个维度来建构本书的理论分析框架。然后从住房权利分层、住房财富分层和住房社区分层三个视角下的不同影响理论机制论证住房分层如何影响民生福祉，进而提出本书的研究假说。尤其是通过数理模型和理论分析从不同的理论视角对住房分层对民生福祉的影响机制进行推导和分析，力图使本书的研究建立在严谨的理论分析范式的基础之上。

（三）实证分析法

本书关于住房分层与民生福祉的分析建立在实证模型的分析基础

上。本书通过构建有序 logit 计量模型、中介效应模型、工具变量法以及倾向得分匹配法等实证分析方法，利用权威数据中国人民大学中国调查与数据中心负责执行的中国社会综合调查数据（CGSS）2003—2017 年的微观数据进行实证分析，把实证分析与理论分析有效结合，从而增强了本书研究结论的科学性和可信度，为得出研究结论和提出相应的政策建议奠定坚实的实证研究基础。

（四）对比分析法

住房分层影响民生福祉具有显著的样本差异性。本书在住房分层对民生福祉的影响的实证分析过程中，首先通过对有房群体和无房群体以及这一分层下的不同年龄群体、不同时间阶段、不同区域的民生福祉差异进行对比分析，从而论证了有无住房在住房权利方面的差异以及对民生福祉的差异化影响；然后通过住房财富效应在不同家庭住房分配状况下的民生福祉影响差异对比、国内不同时间阶段和东中西部地区的住房财富对民生福祉的差异影响进行对比、不同住房社区类型对民生福祉影响的差异对比、正式和非正式住房社区的居住民生福祉差异对比，力图使本书的实证研究更加丰富深入、结果稳健和有说服力。

1.4　研究内容与技术路线

本书通过公共服务均等化、住房分层与民生福祉的相关理论和实证分析，利用国内大型社会综合调查数据（CGSS）进行实证检验得出研究结论并提出相应的政策建议，具体研究内容和章节安排如下。

第 1 章是绪论。这一部分首先介绍了关于住房分层与民生福祉的研究背景、研究理论和现实意义，接着介绍了研究方法和技术路线以及研究可能存在的创新，为后续的理论和实证分析做好铺垫。

第2章是相关概念界定和研究综述。本部分主要阐述了住房分层、民生福祉以及二者之间关系的国内外研究。包括公共服务及其均等化的内涵界定，住房的概念及其内涵界定，住房分层的现状表现、影响因素以及形成机制的研究；民生福祉的概念、测量以及影响因素的研究。其中，住房与民生福祉的相关研究主要包括住房产权、房价上涨、住房环境质量等。笔者在此基础上对研究现状进行述评，指出现有关于住房与民生福祉的研究存在的不足，提出本书的研究创新视角。

第3章是理论分析部分。首先对马克思主义理论视角下的社会分层和住房进行分析，然后是对马克斯·韦伯的社会分层理论进行分析，接着分析了新时代以来中国住房政策和民生公共服务的政策演进轨迹及其内在理论逻辑。在此基础上论证了马克思主义及其住房理论和马克斯·韦伯多元社会分层理论对于解释中国住房分层影响民生福祉的实用性，从而为下一章节构建住房分层影响民生福祉的理论框架奠定理论基础。

第4章对住房的多重法律、经济和社会属性、住房分层与民生福祉的量化衡量进行了分析。这一部分主要分析了住房分层和民生福祉的理解与量化衡量。尤其是住房的多重法律权利属性、经济和社会属性也即法律权利属性、基本民生消费属性、资产财富投资属性以及社会属性。然后介绍了住房分层的单一维度和多重维度的衡量。最后从客观幸福指数和主观民生福祉两个方面对民生福祉的量化衡量作了分析。

第5章阐述了住房分层对民生福祉的理论基础、分析框架构建、理论模型分析以及计量模型构建。首先，介绍了马克斯·韦伯的多元社会分层理论的内容和核心思想。其次，基于马克斯·韦伯的多元社会分层理论，从法律秩序、经济秩序和社会秩序三个层面，并考虑住房与公共服务挂钩的中国特殊国情，从有无住房产权对居民公共服务享受资格权利和满意度的影响、附属在住房周边的公共服务资本化差异带来住房财富效应分层以及住房社区公共服务宜居性导致的社区分层等方面，构建住房权利分层、住房财富分层与住房社区分层的分析框架。在此基础上构建一个包含住房消费和非住房消费的期望效用函数关系模型，论证住房分层影响民生福祉的数理关系逻辑。最后，构建有序 logit 模型和中介效应模型，为后续的实证分析奠定基础。

第 6 章主要论证了住房权利分层对民生福祉的影响。首先，通过引言的介绍，提出研究的问题，提出住房权利分层影响民生福祉的理论机制和研究假说。构建住房权利分层与民生福祉的关系模型，分析住房权利分层下的住房产权获得、居住权的实现、不同年龄阶段群体和不同时间阶段住房产权对民生福祉的影响。其次，为了解决模型的估计偏误和可能存在的内生性问题，通过倾向得分匹配和工具变量法进行稳健性检验。最后，进一步对研究进行拓展。通过中介效应模型，对我国特殊国情下的"租购不同权"影响居民公共服务享受资格权利差异对民生福祉的影响进行实证分析，并得出相应的研究结论。

第 7 章主要对住房财富分层对民生福祉的影响进行实证分析。首先，指出本书的研究意义和创新视角。其次，进行理论机制分析并提出研究假说，构建分析模型和数据说明。在此基础上，分别从住房财富分层对民生福祉的整体性影响、家庭异质性下不同住房分配状况的财富分层对民生福祉的影响的分类回归的视角进行分析；然后是不同时间阶段和不同区域的住房财富效应对民生福祉的影响差异分析。本书通过倾向得分匹配和工具变量的方法进行稳健性检验，以防止模型中可能存在的估计偏误和内生性问题。最后，进一步从住房财富分层对居民家庭消费的影响展开分析，进而论证住房财富效应通过增加基本生活性消费、耐用品消费和发展型消费支出以及消费结构优化升级影响民生福祉。

第8章主要论证了住房社区分层对民生福祉的影响。首先，引言提出本部分的研究主题并提出问题，指出研究的创新视角。其次，提出住房社区分层影响民生福祉的理论机制和研究假说，并在此基础上构建了住房社区分层与民生福祉的分析模型，分别分析了不同住房社区类型分层对民生福祉的差异化影响、正式和非正式住房社区分层对民生福祉的影响。为了保证估计结果的稳健性，避免模型内生性问题带来的估计偏误，本部分还通过工具变量法，选择居民单位是否在体制内和学历程度作为工具变量进行检验，结果表明在控制了内生性之后，估计结果仍然十分稳健。最后，本书对研究进一步拓展，基于住房社区分层带来的社区空间排斥的现实问题，实证检验了住房社区分层通过影响居民社会交往融入、居民社会身份地位认知进而对民生福祉产生重要影响，得出相应的研究结论。

第9章是研究结论、政策启示以及未来研究展望。本部分对第6章、第7章、第8章关于住房分层对民生福祉影响的研究结论进行了分析，然后基于研究结论提出相应的政策建议。一是从坚持房住不炒、强化住房的民生居住消费属性抑制投机需求，加快构建多层次的住房支持体系。二是保障和维护租赁群里的居民居住权和城市公共服务享受资格权利来提升居民住房民生福祉。三是在租购并举中加快租购同权的贯彻落实。四是在城市更新中加快社区公共服务的重构与完善，加快公共服务均等化改革，加强社区文化软环境建设，促进社区融合发展，增进民生居住民生福祉等建议。针对本书研究的不足，本部分对未来的研究进行了展望。本书的研究框架和技术路线如图1-3所示。

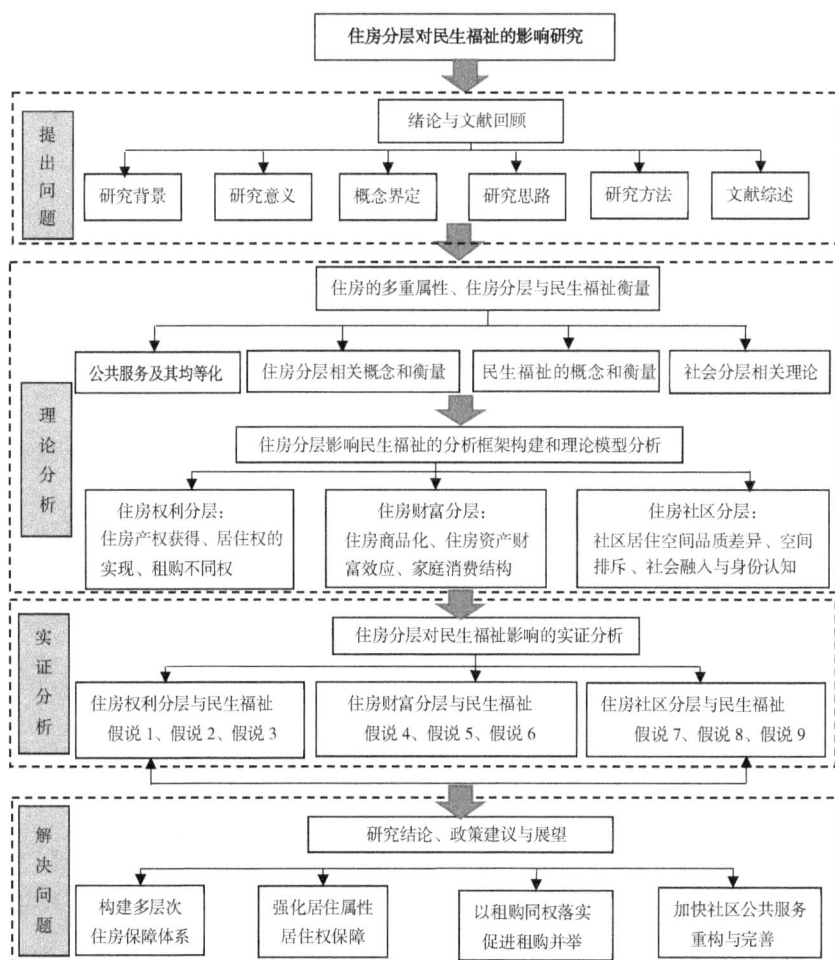

图1-3 本书的研究框架和技术路线

1.5　研究创新之处

本书以住房分层对民生福祉影响为主题进行研究，通过利用中国综合社会调查（CGSS）10多年的微观数据进行理论和实证分析，从住房权利分层、住房财富分层和住房社区分层三个维度以及这三个维度下的多种影响机制进行理论分析和实证检验。本书研究的创新之处在于以下几个方面。

（一）与以往研究相比，本书构建了住房分层影响民生福祉的理论分析框架

以往关于我国住房分层的研究大部分基于社会转型理论或者社会分层理论中的职业分层和收入分层理论，抑或是抛开理论框架简单地对家庭住房状况进行某种单一维度的分类研究，没有建立一个多维度的分析框架进行全面分析。本书以住房分层对民生福祉的影响为主体进行研究，将马克斯·韦伯的多元社会分层理论应用到我国住房分层的研究当中，基于法律秩序、经济秩序和社会秩序及其核心内涵构建了住房权利分层、住房财富分层和住房社区分层的理论分析框架，从而从理论上更为全面和系统地分析住房分层表现在哪些维度，这些维度又是如何对居民家庭民生福祉产生影响，这也是以往的研究未能给予充分关注的领域。

（二）与以往研究相比，本书以住房分层对民生福祉的影响为视角开展研究，是对以往学者研究的进一步深化拓展

以往关于我国住房分层的研究大多局限于住房分层状况的描述性和归纳性分析以及对我国住房分层的形成机制的分析，对住房分层

带来的民生福祉影响进行研究的较少。尽管近年来有学者开始关注住房分层对居民工作满意度或社会公平感的研究，但是尚未从民生福祉的角度来进行分析，而目前关于住房与民生福祉关系的研究视角相对较为单一或者不够深入。本书在以往学者关于住房分层的状况、影响因素、形成机制的研究基础上，进一步论证住房分层对民生福祉的影响。而且，本书关于住房分层的研究视角更加全面系统，分别从住房分层的法律、经济和社会秩序所对应的权利、财富、身份等多个视角论证了住房分层对民生福祉的影响，这是以往研究中较少给予关注的地方。

（三）与以往研究相比，本书关于住房分层影响民生福祉在研究方法上较以往有所改进

在关于住房分层对民生福祉的实证研究过程中，除了利用传统的 logit 模型来分析住房分层对民生福祉的直接影响，还通过中介效应模型进行多维度的内在机制分析，进而检验了住房分层影响居民家庭民生福祉的多重中介效应影响机制，这既有利于将研究与我国特殊国情和住房制度背景相结合，也拓展了关于住房分层对民生福祉的研究深度，更是以往关于住房分层和民生福祉关系研究中较少涉及的。同时，与以往的研究中可能存在的内生性问题相比，本书通过寻找多个工具变量，更好地解决了模型的内生性问题和模型估计偏误，有效地提高了关于住房分层对居民家庭民生福祉影响研究的结果的稳健性，增强了研究结果的科学性和可信度。

（四）与以往研究相比，本书关于住房分层对民生福祉的影响机制分析也有新的突破

本书以马克斯·韦伯多元社会分层理论为基础构建了住房分层影

响民生福祉的分析框架，特别是围绕马克斯·韦伯对于法律秩序、经济秩序和社会秩序的核心内涵解释，结合我国特殊国情和住房制度改革的制度安排实际，将我国住房分层的法律秩序及其内涵衍生为：以有房群体和无房群体为基础的住房权利分层，分别从住房产权获得、居住权实现以及租购不同权下居民城市公共服务资格权利差异对民生福祉的影响的视角展开分析；将我国住房分层的经济秩序及其内涵衍生为：以家庭住房多寡梯度差异为表征的住房财富分层，从住房财富差异分层通过影响居民家庭消费（居民基本生活性消费、耐用品消费、发展型消费以及消费结构的升级）对民生福祉产生影响的视角展开分析；将我国住房分层的社会秩序及其内涵衍生为：以不同社区居住类型差异为起点的住房社区分层，分别从社区居住空间品质差异、社区空间排斥，并由此导致的居民社会交往融入和社会身份地位认知对民生福祉产生影响的视角展开分析。这些影响机制的设计和分析进一步丰富并深化了关于住房分层影响民生福祉的研究，这也是以往的研究未能给予全面系统深入分析的地方。

（五）与以往研究相比，本书在研究结论上有所突破

本书研究发现：（1）我国住房分层在法律秩序维度上表现为住房权利分层，住房产权获得、居住权的实现以及租购不同权下的公共服务资格权差异是住房权利分层影响民生福祉的重要路径机制。（2）住房分层在经济秩序维度上表现为住房财富分层，住房商品化带来住房财富效应的凸显、住房财富效应异质性，以及住房财富差异化分层通过影响家庭基本生活性消费、耐用品消费和发展型消费、消费结构升级等机制影响民生福祉。这一结论也回应了当前学术界关于住房财富效应是否存在、到底是促进了消费还是抑制了消费的争论。（3）住房

分层在社会秩序维度表现为住房社区分层，住房社区居住空间品质差异、居民社会交往融入以及社会身份地位认知是影响民生福祉的重要核心路径机制。本书的研究认为，中国的住房分层产生的原因，更多的是新旧住房分配制度转轨过程中政府与市场力量双重嵌入的叠加影响结果。这些影响机制的存在反映了我国住房制度的改革过程中，在租购两端发展失序和政府监管的失衡以及房地产市场长效机制建设存在一定的短板和缺陷。同时，也深层次地反映了我国城镇化快速发展与城市公共服务滞后、公共服务供给和分配不平衡不充分的矛盾，而租购不同权和租赁市场监管不足以及对租房群体居住权的保障不充分带来租房群体民生福祉的损失，也是当前我国租购并举制度改革中租赁市场培育发展缓慢的重要问题根源。

第2章　相关概念与研究综述

本部分从三个方面进行文献梳理：一是关于住房分层的相关研究，主要包括国内外学者对住房分层的状况、住房分层的影响因素以及住房分层的形成机制的研究。二是国内外学者关于民生福祉的研究，主要是国内外学者对民生福祉的概念界定、民生福祉的衡量以及民生福祉的影响因素进行相关文献的梳理和总结。三是对国内外学者关于住房与民生福祉关系的研究进行梳理和归纳，主要包括住房产权对民生福祉的影响、房价上涨对民生福祉的影响、住房环境质量条件对居民生活质量方面的影响以及住房分层与居民社会生活满意度关系的研究。通过这些文献的梳理和归纳，从而对现有文献进行述评，找出现有研究存在的不足和有待进一步拓展的研究领域，进而提出本书的研究视角。

2.1　相关概念界定

2.1.1　公共服务及其均等化

公共服务是指为了保障地区居民直接基本生存、发展需要，确保居民能够共享经济发展成果的一系列公共物品的供给。在我国，公共服务主要来源于政府公共财政支出，主要由各级地方政府提供资金。根据国家相关文件规定和大多数学者的观点，广义的公共服务包括公共产品供给、经济调节、市场监管、社会管理等内容；狭义的公共服务主要是指影响民生状况的基础公共服务（供水、供电、供气等）、交通、公共安全、教育、科学技术、文化体育与传媒、社会保障就业、医疗卫生、环境保护、城乡社区事务。需要指出的是，基于研究需要以及数据获取的局限性，本书关于公共服务的研究仅局限于城市公共服务以及城市内部社区的公共服务供给，不涉及农村公共服务或者其他形式的公共服务内容。

公共服务均等化是指公共服务人人都有机会享受、公民可以平等公平地享受公共服务。公共服务作为提高人们生活质量、保障和改善民生的重要公共产品，对人们的生存发展以及国家经济发展和社会稳定有着十分重要的作用。公共服务供给水平的提高有利于保障和改善民生，维护社会公平和稳定。不断提高和完善公共服务供给水平，实现公共服务均等化，对于保障和改善民生，让改革开放发展成果惠及全体人民有着十分重要的作用。公共服务尤其是基本公共服务涵盖了人民群众最基本的生活需要，关系到人民群众的医疗、教育、环境、社会治安、交通出行等生活的方方面面。这些领域的基本保障和不断改善对于人民生活水平的提升有着十分重要的影响：首先，有利于维护社会公平正义，让人民群众充分地、公平地享受发展带来的好处，缩小经济发展带来的区域贫富差距。其次，是秉持社会公平正义的重要表现，有利于维护社会稳定，实现社会的和谐可持续发展。因此，公共服务供给水平的不断提高对于提升社会居民社会福利和社会公平正义有着十分重要的意义。

同时，公共服务供给均等化有利于促进社会的全面发展。一方面，提升公共服务供给水平对经济发展的重要贡献在于扩大内需，拉动经济增长。公共服务供给水平的提升需要大规模地增加公共基础设施建设，尤其是公共服务产品的供给，如教育建设投入、交通基础设施的完善对于扩大投资、拉动经济增长具有较大的促进作用。另一方面，公共服务供给水平的不断提升对于提高居民当期消费预期、拉动国内消费有十分重要的作用。尤其是影响公共服务供给水平的医疗、教育、卫生、社会保障供给对于解决人民群众的后顾之忧，减少对未来不确定性的担忧，进而减少储蓄，提高当前消费有十分重要的影响。这对于拉动居民消费、扩大内需、带动经济发展有着十分重要的影响。因此，不断提升公共服务供给水平，对增加投资需求、扩大国内消费和加快经济发展有着十分重要的意义。

总体来看，随着我国经济发展水平和城镇化水平的不断提高，政府公共服务供给水平也在不断得到提升，但是仍然存在许多问题，尤其是区域不均衡问题仍然十分严重。具体而言，公共服务供给水平不均衡问题主要表现在东、中、西部区域之间、大城市和中小城市之间以及城市内部之间。

一方面，从区域不均衡的角度来看，我国城市公共服务不均衡体现在东、中、西部区域之间。由于东、中、西部地区长期以来经济发展水平和其他综合因素的影响，东部地区政府财政能力较强，公共服务供给水平较高（刘小鲁，2008），而中西部地区由于经济发展水平相对较低，政府财政支出能力相对较低，公共服务供给水平较东部地区低。以人均公共财政支出水平为衡量标准，我国东、中、西区域之间公共服务供给水平差异明显，存在服务供给水平不均衡状况。

另一方面，从城市不均衡的角度来看，我国不同城市之间的公共服务供给水平存在不均衡问题。如前所述，我国东、中、西部区域之间公共服务供给存在较大差异。同时，不同城市之间公共服务供给水平存在更大的差异。尤其是国内一线大城市和三、四线及以上小城市之间公共服务供给水平存在较大的差异。因此，城市之间公共服务供给水平不均衡问题比东、中、西部地区之间的不均衡问题更加严重。

再者，从城市内部不均衡的角度来看，我国公共服务不均衡还体现在城市内部之间，特别是大城市的城市内部间之间的公共服务存在巨大的差距。这种城市内部的公共服务不均衡主要表现在城市内部中心城区和远郊区、不同板块和区域之间。

2.1.2　住房的概念界定

住房在概念上有广义和狭义之分。广义的住房是指能为人们的生产、工作、生活、学习、娱乐、储物等提供空间的永久建筑场所（谢经荣等，2013）。广义的住房在住房类型分类上来看主要包括住宅、商业地产、写字楼、厂房等形式的不动产。从狭义上来看，住房主要是指为人们提供生活庇护空间的民用居住用房，又叫住宅。根据不同分类方法，住房可以分为多种不同的类型：按住房的品质可以分为老旧城区住宅、城中村住房、普通商品房住宅、高档商品房住宅、别墅等；按房屋政策保障属性分类，主要分为公租房、廉租房、单位房（房改房）、还建房、经济适用住房、集资房等。不同形式的住房在所有权、使用权、使用年限、使用性质用途、抵押担保、转让等方面存在一定的法律权利上的差异。因此，住房可以看作是土地和附着在土地之上的建筑物以及由此所衍生的多种所有权的权益统一体（谢经荣等，2013；沈建忠，2015）。总之，住房作为一种特殊的商品，是一种综合性社会资源（刘祖云，2010），具有多重社会经济属性，在我国国民经济发展和社会民生发展当中扮演着十分重要的角色。在本书的研究对象范围的界定上，由于农村住房不具备完全的市场化、商品化的意义，在产权和市场流通方面存在较大的制度约束机制，因此学者较少拿来进行较为规范的住房分层的理论和实证分析。结合目前绝大多数学者关于住房分层的研究，本书将住房的研究范围限定在城市住房，因此本书关于住房分层的研究主要涉及城市住房问题，暂不涉及农村住房的相关议题。同时，由于本书主要研究的对象是对全社会居民家庭具有普遍民生意义且关联紧密的住房类型，因此本书关于住房的研究是狭义上的住房，即民用住宅类型的商品房，暂不涉及商业地产、公寓、写字楼和工业厂房等房产类型。总之，根据研究的需要以及数据的可获得性，本书仅将城市居民家庭住房问题作为研究对象，暂不涉及农村住房及其他类型的住房研究对象。

2.1.3　住房分层的概念界定

住房分层（housing stratification）是社会学家基于社会分层（social stratification）的概念提出的，它是将住房作为社会分层划分标准而进行社会分层的细化研究而提出的一个概念。住房分层是建立在社会分层理论基础之上，是对社会分层概念的进一步延伸。根据社会分层的概念，社会分层是在社会当中不平等权利和地位的特殊待遇（Davis、Moore，1945），是社会团体按照财富、权力、声望的等级排列，是关于一个团体可能比另一个团体拥有更多的经济资源或受到更多的尊敬以及可能处于一个命令其他团体的位置（Saunders，2010）。德国社会学家马克斯·韦伯认为，社会分层理应是一个包含多个多层面的统一体，除了考虑经济属性在社会分层当中具有十分重要的角色作用之外，还要考虑政治、社会两种同样重要的分层属性，因为它们在造成社会不平等方面具有突出影响力。因此，社会分层应当从法律、经济、社会三个秩序维度综合考察，才能更加全面地反映一个社会的不平等和社会分层状况。总的来说，社会分层的意义较为宽泛，涵盖阶级、阶层。一种具有一定代表性的意见认为，分层内容具体包括阶级、阶层、层界。国内知名学者如陆学艺（2002）认为社会分层是以一定的标准区分出来的社会集团及其成员在社会体系中的地位层次结构、社会等级秩序现象。郑杭生（2013）则提出社会分层是根据某种具有社会意义的属性来将社会成员区分为高低有序的不同层次的过程和现象。尽管国内关于住房分层尚没有一个比较权威的概念界定，但是大多数学者一致认为应当将住房这一特殊综合性生活资源作为一种社会阶层分析的重要标准，从而提出住房分层的概念（刘祖云，2004；李强，2009）。特别是随着经济社会的快速发展，住房市场化使得住房在居民家庭中扮演着越来越重要的作用。不同的社会群体在住房获取上具有差异化分层（李斌，2004）。不同职业阶层在住房产权、房屋面积和质量方面存在较大的层级差异（边燕杰、刘勇利，2005）。住房是各种生活资源分层中最为重要的资源标准（刘祖云、戴洁，2005），住房消费由低级到高级的梯度差异越来越大（浩春杏，2007），住房阶层群体差异越来越明显（李强，2009）。中国城市住房分层结构呈现出从低到高的"三阶五级式"分层结构（刘祖云、毛小平，2012）。因此，本书认为住房分层是指在某一时期内、特定区域和既定的社会经济发展水平状况下,以居民家庭中的住房这一特殊的社会性、综合性资源作为社会分层划分标准,对全社会不同群体的家庭住房分配状况进行整体的社会层级、梯度秩序或者类型差异划分。住房分层是一个全面的、多维的概念,它既是经济社会改革发展所产生的一种住房分配变化现象,也是全社会住房分配变化发展的历史演变过程,同时也是全社会经济社会发展以及住房分配关系演进的重要结果。

2.1.4 民生福祉的概念界定

从国内相关的研究来看,大部分学者关于民生福祉的研究主要围绕民生福祉的视角来展开。最早关于民生福祉概念的提出可以追溯到亚里士多德关于幸福和快乐概念的解释。亚里士多德将民生福祉和快乐同时进行了阐释,他认为幸福是完善的和自足的,是所有活动的目的,是人类一切活动的最高和最终目的。快乐是指人的正常品质未受到阻碍地实现活动(张轩辞,2013)。随后,边沁较为正式地对民生福祉的概念进行了详细解释,他认为幸福包含了生存、充裕、平等和安全四个层次。在边沁的幸福"四层次"分析法之后,以马斯洛等为代表的积极心理学家将人类的需求分为由低到高五个层次,他们认为幸福就是人的需求层次得到满足后的主观感受,并将民生福祉与人们的生活需求满意程度结合在一起。在此基础上,Galbrith(1958)在他的著作《丰裕社会》中对"生活质量"作出进一步的内涵解释,他认为生活质量是个体对自身生活状态境遇以及个人实现的自我评价和满足感。长期以来,学者们整体上对这一概念界定较为认可,并进一步将其称作主观民生福祉(Subjective Well-being)。总体来看,学者们将主观民生福祉的概念界定为人们对生活状况的满意程度的认知以及评价（Neugarten、Cantril，1961）。民生福祉是个体基于自己所持有的生活准则进而对自身生活质量的总体评价（Shin、Johnson，1978），是正性情感和负性情感综合作用的一种主观评价（Watson、Clark，1984），是个体根据自己定义的标准对其生活质量的综合感知判断（Diener，1984）。它包括人们的情感反应、领域生活满意度以及对生活满意度的综合评价（Diener，1999），具有主观性、相对稳定性、整体性的主要特征（Diener，2000），是个体依据自定标准对其整体生活质量作出的综合判断。它既是一个人对自我的生活状态、周围环境和相关事件的关于满意的认知和评价，同时也是一个人在情绪体验上对这些方面的主观认同（Diener，2002）。主观民生福祉是人们一些内化的既定评价对个人的生活进行整体的评价，是人们对生活的满意度及其各个方面的全面评价，是主体与现实生活情境的协调及自我达到完满统一的自我认同及自我欣赏的感觉，并由此产生的积极性情感占优势的心理状态（苗元江，2009）。因此，本书在借鉴现有学者对民生福祉的概念界定的基础上，结合现有数据可获得性和文中的研究需要，将民生福祉定义为：在某一特定时期和特定生活环境条件下的个体对自身物质和精神生活现状同个体的理想状况以及周围他人状况进行比较之后得到的一个整体的、直观稳定的感受和心理评价，是一种主观民生福祉。

2.2　关于住房分层的研究

关于住房分层的研究，目前学者主要从住房分层状况、住房分层的影响因素、住房分层的形成机制三个方面进行研究。其中对住房分层现状的研究，现有学者主要从社会分层和住房本身两个维度来进行理论和统计分析。理论分析主要基于社会分层理论当中的职业分层、收入分层，通过社会整体或者某一城市的微观调查，围绕住房分层表现的类型进行研究。关于住房分层的影响因素，学者们主要从政治资本、权利、人力资本、职业、收入、性别、年龄、家庭特征等方面的因素进行了研究。关于住房分层的形成机制，学者们大多从政府住房制度改革和政策干预、住房市场化带来的房价上涨对不同收入群体的过滤和个体的自我选择以及以上三种因素的相互影响对住房分层形成的影响等方面展开研究。具体研究内容通过 2.1.1、2.1.2 和 2.1.3 三个小节进行梳理和分析。

2.2.1 关于住房分层状况的研究

关于住房分层的研究，国内外学者的研究大多是基于社会分层的研究来展开。早期关于社会分层的经典理论代表主要有：以马克思为代表的根据生产资料的占有状况和地位把资本主义社会分为剥削和被剥削阶级，也即资产阶级和工人阶级（雷蒙·阿隆，2000）；以涂尔干（2000）、丹尼·贝尔（1984）为代表的以社会分工和职业划分为基础的社会分层理论；以马克斯·韦伯为代表的的多元社会分层理论；以凡勃仑（2011）等根据文化资源进行社会阶层划分；以雅各布斯（2001）为代表的根据社会资源状况进行社会阶层划分；以舒尔茨等（2002）为代表的根据社会人力资本进行社会阶层划分；以恩格尔为代表的根据收入状况来对社会阶层进行划分。这些主要学派的理论为后世关于社会分层理论的研究奠定了理论基础。

学者关于住房分层的早期研究大多是基于社会分层的相关理论，

将社会群体的住房或居住状况作为衡量分层的重要指标来进行研究分析。较早提出住房分层议题的是德国著名思想家恩格斯，他在《论住宅问题》一书当中提出这个议题。恩格斯在书中论述了工业革命的发生，快速的工业化和城市化带来大量人口向城市流入，从而带来城市严重的住房短缺问题与资本家和工人的巨大的住房差异。工人阶级住在拥挤、卫生条件差的低劣品质的住房里面，而资产阶级住在宽敞舒适的高楼大厦，恩格斯进而揭示了资本主义所有制关系下的住房分化问题。较早明确地提出关于住房分层概念的是著名的社会学家雷克斯和摩尔（1967），雷克斯和摩尔将住房分层独立于社会分层而开展相关的研究，并且在其著作《种族、社区和冲突》当中首次把住房与社会阶层相结合，提出了"住房阶级"的概念，为后来的学者开展关于住房分层的研究提供了一个经典的理论分析基础。在雷克斯和摩尔的住房分层研究当中，他们根据城市居民家庭不同的住房状况进行不同阶层的划分，从而将居民住房分层划分为五个层次：第一层次是通过现金购房同时又居住在最满意地区的家庭阶层；第二层次是通过信用贷款购房同时又居住在最满意地区的家庭阶层；第三层次是通过政府公共住房解决住房问题的家庭阶层；第四层次是通过抵押贷款购房但居住于不太满意地区的家庭阶层；第五层次是租住私人住房但是住在不太满意地区的居民家庭阶层。

随着"二战"结束以后各国经济的快速恢复发展和房地产市场的繁荣，住房在居民家庭经济社会生活中的作用更加重要。德国著名社会学家Weber（1987）认为，应当将住房作为衡量社会分层的重要标准来进行分析并提出了财产阶级的概念。学者们认为，住房分层是社会分层的研究中十分重要的构成部分，这是因为住房流动性在社会分层的分析中具有非常重要的作用（Watt、Paul，1996）。衡量一个人的住房状况比留意他的工作更重要（Saunders，2010），因此他根据是否拥有住房所有权，将居民划分为有房阶层与租房阶层。

关于中国住房分层的研究大致起始于20世纪末，中国住房体制由福利分房向市场化、商品化转型，这对住房分层带来显著的影响。基于住房在中国社会发展当中扮演着越来越重要的作用，学者提出了将住房作为"生活资源分层"的社会分层划分标准（刘祖云、戴洁，2005），由此产生了"住房地位群体"（李强，2009）等概念。关于我国住房分层的研究主要集中于以下两个视角。一是基于社会分层的视角对我国住房分层进行分析。李斌（2004）基于社会分层标准中的城市职工的单位位置，能力差异带来的住房面积、住房价值、住房获利和住房环境的差异以及不同城市职业位置对住房分层的影响展开了相关研究。边燕杰、刘勇利（2005）基于国家"五普"的数据进行统计概括分析，认为城市当中不同职业阶层的居民家庭住房分层还体现在住房产权、房屋面积和房屋质量等方面存在的层级差异。浩春杏（2007）从社会分层的收入标准来研究不同收入群体的住房分层，他认为南京市住房消费分层呈现为由低端到高端的梯度消费结构。二是尝试将住房分层独立于社会分层来进行研究。这些研究大多基于社会微观调查数据对我国住房分层状况进行概括和分类归纳。例如，从住房的来源不同进行分层研究，将北京市城区的居民家庭住房分层概括为商品房户、回迁房户、单位房改房户、简易楼住户、廉租房户和传统私房户六个层级群体。又如，从产权的角度来进行住房分层研究，将青年职工群体住房分层分为有房阶层、借房阶层和租房阶层。陈章喜、许倩（2018）则将香港青年人住房分层概括为私人永久性房屋阶层、资助自置居所房屋阶层、公营租住房屋阶层和临时房屋阶层。

在对住房分层现状的描述和统计分类的基础上，学者们开始对我国住房分层状况进行归纳概括。李斌等（2010）从城市住房权利转移的视角，认为中国城市住房体制形成了以"住房权利"为基础的社会分层秩序。刘祖云、胡蓉（2010）进一步对住房分层进行拓展，他们基于 2006 年国内社会综合调查数据将住房分层归纳为住房条件、住房产权和住房区位三个维度，进而论证了城市住房资源在不同阶层间的分化状况。在此基础上学者认为中国城市的住房分层结构呈现出从低到高依次排序的"三阶五级式"的住房分层结构，也即无产权房阶层、有产权房阶层和多产权房阶层。其中有产权阶层又分为福利性产权房阶层、商品性产权房阶层、继承性产权房阶层（刘祖云、毛小平，2012）。与之类似的归纳还包括王丽艳等（2018）通过分析 2017年天津市住房调查数据，研究了天津市的城市住房分层和城市住房分化特征，认为天津市住房分层表现为"三阶四级式"的橄榄型结构。Wu、Chen、Bian 等（2020）结合全国范围内的大型微观调查数据将住房分层分为上层、中层、夹心层和贫穷阶层。整体来看，学者们认为国内住房分层越来越明显（Chuntian、Cheng，2015；Tan、Wang 等，2016；易成栋等，2018）。

2.2.2　关于住房分层影响因素的研究

住房分层形成的背后涵盖了从微观个体到宏观社会政策制度等复杂的社会经济制度影响因素，这引起了学术界的广泛关注。由于西方国家住房市场化程度较高，关于住房分层的研究主要从市场经济背景下居民家庭的社会经济地位对住房分层的影响（Conley，2001）展开。

同时，社会经济的变迁如美国战后"婴儿潮"带来的住房需求高涨以及收入差距共同对住房不平等产生重要影响。房地产市场价格上涨对住房分层的影响，特别是 20 世纪八九十年代联邦政府新住房供应的购买者越来越富有，从而形成新的住房分层（Dwyer，2009）。因此，政府对不同收入群体和种族的住房市场限制性约束（Schill、Wachter，1995）以及房地产市场的政策干预（Lux、Sunega、Katrnak，2013）都对住房分层产生了十分重要的影响。因此，西方学者认为从某种程度上来说社会分层的相关因素对住房不平等产生了重要的影响，是社会分层对住房分层产生了重要原因（Martin 等，2013）。

关于中国住房分层的影响因素，学者们主要从两个视角进行了研究。一是从住房本身的相关因素进行分析。浩春杏（2007）认为住房分层的根源在于住房市场的产品结构和社会地位结构的失衡与脱节。房地产的天然代际传递性与天然代内财富转移性对社会地位固化性起到了定型和强化作用（刘升，2014）。在这种传递机制和代际转移下，住房的代际累积（谌鸿燕，2017）以及住房市场化改革进程与个体生命历程交互作用对住房分层产生十分重要的影响（吴开泽，2017）。从我国住房制度改革的政策偏向出发，李基铉（2006）、朱亚鹏（2006）认为住房制度改革当中偏向于一部分权力单位或富有地位使得住房分配不平等的现象更加严重。同时，学者们还将城镇化进程中的房价不断上涨对住房分层的影响进行研究，高房价导致低收入家庭无法获得住房从而加剧社会不平等，尤其是导致居民储蓄、投资行为的扭曲，从而使得居民的社会福利水平下降特别是中低收入阶层的福利水平地位下降最大（陈彦斌、邱哲圣，2011），因此有学者认为城市化过程中的房地产市场的投机行为对住房层次具有重要的影响

（王丽艳等，2018）。二是从社会分层相关因素的视角展开分析。学者们认为社会分层的影响因素也是住房分层的重要影响因素。从社会分层影响因素的个体因素来看，个人的政治资本、教育程度、人力资本、职业状况及收入水平对人们获得住房资源有显著影响，城市住房分层背后反映的是社会的贫富差距不断扩大和分化（刘祖云、毛小平，2012；许英康、王军，2014；田传浩、吴建钦，2018）。同样，个体的年龄、户籍、单位性质、受教育程度对住房分化层次有显著影响（王丽艳等，2018）。家庭特征和个人特征，如家庭独生子女情况、流动特征和婚育状态等也对住房分层产生影响（宋健、李静，2015）。进一步来看，家庭经济资本、政治资本、社会资本和人力资本的差异是导致住房差异的重要原因。富裕家庭、受教育程度高的家庭和社会资本丰富的家庭会进行更多的住房投资，从而拥有更大的住房面积和更好的住房结构（田传浩、吴建钦，2018）。从政府的角度来看，政府房屋计划（陈章喜、许倩，2018）、城市化中的城中村拆迁也对居民住房面积和住房结构等住房分层产生显著的影响（杨青、蔡银莺，2018）。

2.2.3 关于住房分层形成机制的研究

随着全社会住房分层的不断形成，特别是进入 20 世纪末以后住房分层逐渐定型，住房分层机制开始成为学者研究的重要内容（边燕杰等，1996）。关于住房分层形成机制的研究，学者们基本上从国家权力对住房市场干预、住房市场化以及二者的双向互动、个体自我选择机制等角度来开展研究。具体而言，一是从住房分层形成中的权力机制在来看，学者们认为，相对于收入估计的困难性和难以反映社会分层的变化，住房作为实物性的指标能够更加真实地反映社会分层状况（Parish，1984），而住房获得和住房质量高低的关键是计划经济体制的再分配权力（吉尔·伊亚尔等，2008）。国家干预是住房分层真实状况的首要因素甚至对住房不平等负首要责任，国家不断通过制定相应的社会政策对住房市场进行干预，这可能带来住房空间分化从而引起社会不平等（李怀、鲁蓉，2012）。尤其是在国家制度转轨过程中对住房市场的政策干预（Lux等，2013）以及政府政策性住房的供应（Dwyer，2009）都对住房分层的形成产生重要影响。同时，住房体制改革实际上是将福利分房制度过程中基于权力和身份的住房不均等结构从产权上固定下来，使得全社会形成基于住房财产的分层（李强，2009）。因此，政府制度变革的渐进性和路径依赖以及国家干预、权力支配显著地加剧了住房空间分化（方长春，2014）。二是从住房分层形成的市场机制来看，住房市场化带来住房分层与职业收入以及社会经济地位相对应，尤其是房价不断上涨使得中低收入的家庭获得住房困难而高收入的家庭拥有更多的住房投资，从而使得城镇家庭住房不平等程度增加（陈彦斌、邱哲圣，2011）。市场化尽管在一定程度上提升了全社会居民家庭的整体住房水平，但也在一定阶段内扩大了住房分配的贫富不公平（胡蓉，2012），市场化机制使得房地产市场的投机行为对住房层次的提高影响显著（王丽艳等，2018）。三是从住房分层行程中的权力机制和市场机制相结合的角度来看，王琪（2015）认为转型期中国住房分层是在市场化改革和政府再分配权力双重条件的作用下发生分化的。其中，个体政治面貌、行政级别、户籍以及所处的行业在再分配机制中扮演着重要的作用。而收入、教育程度和职业在住房市场化改革中起着重要的作用。四是从住房分层进程中的个体自我选择机制来看，毛小平（2014）认为权力机制与市场机制是影响住房分层的结构因素，政治资本或人力资本的高低是住房分层的必要条件，而非充分条件。"政治资本或人力资本高的居民住房等级也高"的论断从某种意义上忽视了居民的自我选择过程。个体的先赋因素和自致因素对城市住房分层的形成产生重要的影响（杜本峰、黄剑焜，2014）。个体的自我选择在住房分层当中扮演着十分重要的角色（Xiaoping、Law，2014）。住房市场化改革的"差序格局"和差异化改革策略导致了住房获得具有明显的时期效应和世代效应。福利住房产权化和住房商品化双轨并行的住房市场化模式加剧了精英和非精英阶层的住房差异，延续了行政精英的福利住房获得优势。在住房改革进程中，体制分割和市场分化导致的住房不平等相互叠加并通过代际传递加剧了年轻人的住房分化（吴开泽，2017）。

综合来看，中国的住房分层机制形成当中，经济资本、人力资本和职业阶层地位等市场分化机制逐步取代再分配机制，成为导致住房不平等的主要动力，再分配体制下行政权力对住房不平等的作用日益弱化，但源自再分配体制的社会结构因素（户口身份和城市层级）还在持续发挥作用，"结构维续论"和"结构衍生论"将为当代中国城镇住房分层机制提供新的研究视角（李春玲、范一鸣，2020）。因此，住房分层的形成是政府干预和权力机制、市场机制和个体选择机制共同作用的结果。

2.3 关于民生福祉的相关研究

关于民生福祉的研究一直是学术界关注的焦点。由于民生福祉涉及经济学、社会学、心理学以及哲学、伦理学等多个学科，国内外不同领域的学者都致力于对民生福祉的研究。同时，民生福祉作为个体对生活状况的主观性和综合性评价，受到多种因素的影响，具有一定的复杂性。因此，目前大多数学者的研究主要聚焦于主观民生福祉的相关问题的研究。总体来看，目前学者关于民生福祉的研究主要围绕民生福祉的概念、民生福祉的测量以及民生福祉的影响因素等方面。从目前的研究来看，学者对民生福祉的概念认识更加全面化和可量化。对影响民生福祉的因素的研究也从宏观到微观，总体上概括为经济因素和非经济因素的影响研究。

2.3.1　关于民生福祉内涵的相关研究

幸福是人类文明发展进程中孜孜不倦的价值追求，关于民生福祉的思考也是学术界不断探索的重要命题。较早关于民生福祉研究的启蒙当属古希腊哲学家苏格拉底提出的"人应该怎样活着"的伦理命题，它启发着人们对民生福祉这一相关问题的思考。亚里士多德在其著作《尼各马可伦理学》中对快乐进行了界定，他认为快乐是人的正常品质未受到阻碍地实现活动。近代以来较早正式提出关于民生福祉概念的解释的当属在 18 世纪以边沁为代表的"快乐论"，他在 1778 年出版的《道德与立法原理理论》一书中，将幸福解释为四个层次：生存、充裕、平等和安全。进入 19 世纪以后，英国功利主义伦理学的代表人物西季威克认为边沁等学者关于幸福度量建立在利己的快乐主义的假设，以及建立在经验的快乐主义和客观的快乐主义的取向上是模糊不清甚至是虚假不可信的。进入 20 世纪以后，西方国家的经济得到了快速恢复，人们又开始对民生福祉进行研究。以马斯洛等为代表的积极心理学开始关注对民生福祉的测量和评价，他将人类的需求分为由低到高五个层次，认为幸福就是人的需求层次得到满足后的主观感受，将民生福祉与人们的生活需求密切联系起来。随后，美国著名经济学家 Galbrith 在 1958 年发表的著作《丰裕社会》中进一步提出"生活质量"的概念。他认为生活质量是一种对生活状况的主观评价，它涵盖了一个人对生活境遇的满意程度、对个人社会自我实现的自我评价和满足感。此后，关于主观生活质量研究基本上沿用了这一概念，并将它称作主观民生福祉（Subjective Well-being）。Neugarten、Cantril（1961）将主观民生福祉界定为人们对自身生活满意度的认知评价。辛和约翰认为民生福祉就是生活满意感，他们将其定义为"依据自己所持的准则对自身的生活质量的总体评价"（Shin、Johnson，1978）。Watson（1984）等认为主观民生福祉是正性情感和负性情感综合的结果。Diener（1984）认为主观民生福祉是个体根据自己定义的标准对其生活质量的整体评价。Diener（1999）认为民生福祉包括人们的情感反应、领域生活满意度以及对生活满意度的综合判断，同时，Diener（2000）认为主观民生福祉的三个特征是主观性、相对稳定性、整体性，是个体依据自定标准对其整体生活质量作出的综合判断（Diener，2002），即主观民生福祉一方面是个人对自身生活和周边环境以及发生事件的满意感知评价，另一方面也是个人对这些方面的主观认可反映。中国学者苗元江（2009）从社会认知的角度将主观民生福祉定义为人们一些内化的既定评价对个人的满意状况的主观的、全面的评价，是个体与现实社会境遇的协调以及个体达到圆满后对自身认同以及欣赏的感觉认知，它代表了个体的积极情感在整个个体心理状态当中占据的优势程度。因此，从目前国内外关于民生福祉的概念、内涵研究来看，学者们基本上一致认为民生福祉是个体对生活状况和生活质量的满意度评价，是个体的自我主观性认知，是一定阶段的生活状态的整体性、稳定性、全面性评估。

2.3.2 关于民生福祉测量的相关研究

关于民生福祉的测度也一直是学者们开展民生福祉的量化研究分析的重要议题，不同学者从不同的角度进行了研究。学者们在基于对民生福祉的概念的认识的基础上，开始尝试对民生福祉进行度量、测算。到 20 世纪 50 年代中后期，经济学、社会学和心理学领域的学者开始进行有关幸福问题的量化研究。经济学与社会学着眼于社会群体的生活质量评估，而心理学则关注个体体验，提出了基于个人主观感受的幸福量化方法 —— 主观民生福祉。主观民生福祉是评价者根据自定的标准对其生活状况的评估，是一种主观的、整体的概念。关于如何体现人的民生福祉水平的测量的研究也经历了由简单到复杂的过程。以马斯洛为代表的学者开始关注对民生福祉的测量和评价，马斯洛认为应当从生理需求、安全需求、社交需求、尊重需求和自我实现需求五个层次来对民生福祉进行测量。Diener（1984）认为民生福祉主要是基于自己当前生活情况和对自己的生活在多大程度上达到自己理想生活的认知角度的评价，因此用生活满意度来表达民生福祉是更有效的肯定性衡量标准。

到 20 世纪 90 年代，关于主观民生福祉测量的手段与方法得到进一步的改进和提升，学者们开始使用各种结构化问卷调查以及通过多维度的考察量表来测量民生福祉。Lyubomirsky、Lepper（1999）让被调查者用绝对视角与相对视角对自身民生福祉进行评价，同时也让被调查者对其他人的民生福祉作出评估。Diener（2000）进一步提出从过去、现在和未来以及积极的情绪和消极的情绪、生活的满意度等角度对民生福祉进行测量。国内学者邢占军（2005）构建了国内首个评估中国城市居民主观民生福祉测量量表。而在具体的民生福祉测量上，大多数学者和机构通过数值赋值的方式对主观民生福祉进行测度。综合学者们的研究结论可知，大多数学者关于主观民生福祉的研究主要通过数值赋值来进行测量，从应用范围和认可度来看，这一民生福祉测度方法基本上被各国学者应用到微观个体的主观民生福祉的测度研究中。学者们认为，就微观个体的主观民生福祉而言，数字型测度是最直观也是最直接反映居民幸福状况的衡量指标。关于民生福祉的衡量，本书借鉴现有大部分学者的做法，主要是通过主观民生福祉的评价来作为个体主观民生福祉的衡量。

2.3.3 关于民生福祉影响因素的相关研究

由前一部分的文献梳理可知，民生福祉是人们在特定的生活状态条件下对自身状况的主观的、直接的感受和总体评价，因此它必然受到多种因素的影响。社会科学对于民生福祉的研究兴趣由来已久（Veenhoven 等，1993），不同的学科从各自的视角进行了理论和实证的分析。尤其是随着主观民生福祉的量化测量出现以后，福利经济学和社会学领域开始通过实证模型对民生福祉的外部影响因素进行大量的量化分析。根据不同学者对民生福祉的影响因素的研究结论，总体来说，个体民生福祉的影响因素可以分为经济类因素和非经济类因素的多个方面。

经济类因素当中，经济学对民生福祉的关注始于 20 世纪 80 年代（Oswald，1997），在借鉴心理学和社会学等学科研究成果的基础上，经济学家认为个体的民生福祉可以通过效用函数来表示，大部分经济学者通过观察和实证研究基本上一致认为经济发展带来人们的就业收入等方面的变化，因此是民生福祉提升的重要因素。学者们的研究表明，影响个人主观民生福祉的主要因素包括收入（Ferrer、Carbonell，2005；Delhey、Kohler，2011；Okulicz 等，2017）、就业（罗楚亮，2006）、失业状态（Rafael Di Tella，2001；Keith，2008）、消费（Fafchamps、Shilpi，2006）和通货膨胀水平（Tella 等，2003）。David（2000）和 Lelkes（2002）通过发达国家和发展中国家的调查数据证明了居民绝对收入水平的增加有助于民生福祉的提升。尽管也有学者发现可能存在"幸福悖论"，例如很多发达国家的经济增长到一定程度并不能继续带来民生福祉的增加（Easterlin，1974；种聪等，2020），因为以民生福祉表示的边际效用衰减的速度要快于收入水平提高的速度（Layard 等，2007），收入与民生福祉之间存在一定的阶段性动态差异（Oswald、Powdthavee，2006；田国强、杨立岩，2006）。但是整体而言，大多数国家的经济发展确实有助于居民福利水平的改善和提升人们的整体民生福祉。这主要是因为，经济增长一方面能够带来国民收入的增加（邢占军，2011；刘军强等，2012）以及居民可支配收入的增加，从而对民生福祉带来积极的促进作用（Stevenson，2013）。同时，经济增长还会带动社会整体就业机会的增加，带动居民收入的增加（张学志、才国伟，2011），提升人们的民生福祉。再者，国民收入的增加能够有助于国家公共财政的投入，能够提升政府公共服务的绩效（马亮，2013），也有助于缩小收入差距，尤其是针对低收入群体的公共财政投入（胡洪曙、鲁元平，2012；周绍杰等，2015），有助于提升民生福祉（汤凤林、雷鹏飞，2014）。与此同时，与经济增长相关的指标如失业率、通货膨胀（陈刚，2013）也会对民生福祉产生重要的影响。

非经济类因素当中，影响人们民生福祉的因素包括性别、年龄、健康状况、职业、婚姻状况、教育、人力资本与社会关系、代际传递等方面（Appleton、Song，2008；Knight 等，2009）。从学者们的研究结论来看，由于社会分工角色的性别差异和社会传统的影响，男性的社会经济竞争压力更大，女性比男性拥有更高的民生福祉（Aldous，1999；Nelson，2010）。而在年龄方面，经济学家研究发现，年龄对民生福祉的影响体现在年轻的时候由于未参加工作，社会竞争压力比较小因而民生福祉较高，但是随着年纪的逐渐增大以及逐渐参与到工作和社会生活竞争中，压力逐渐增大使得民生福祉开始降低。随着年龄的增大，收入和积蓄不断增加，同时逐渐退出职场，民生福祉随后开始回升。因此，年龄对人的主观民生福祉存在一定的相关性，而且是一种"U"型关系（Hayo、Seifert，2003；Fortin 等，2015；王群勇，2020）。就健康状况因素而言，学者们基本上一致认为健康状况越好，民生福祉也就越高（Deaton，2008）。Steptoe（2015）认为身体健康与民生福祉是双向影响的，健康的身体状况有助于民生福祉提升，同时民生福祉的提升也有助于健康的改善。学者们也从社会保险（阳义南、章上峰，2016）、医疗保险（亓寿伟、周少甫，2010）的角度分析了与健康相关的因素对民生福祉的促进作用。其他影响个体民生福祉的因素还包括不同职业选择差异对人们民生福祉的影响（孙凤，2007）、婚姻状况（叶文振、徐安琪，2016）对民生福祉的影响。就婚姻状况而言，整体来说相对于未婚者，结婚者由于具有稳定的婚姻关系带来的相互陪伴、支持以及较为规律的生活从而能够有助于民生福祉的提升（Blanchflower，2004）。同时，学者们还关注了教育程度和社会身份带来的社会人力资本差异（李平、朱国军，2014）和社会关系（邢占军、张羽，2007）特别是社会地位（黄婷婷等，2016）对民生福祉的影响。一般来说，教育能够改变人对生活的认知，从而能够对人的民生福祉产生直接或者间接的影响（胡宏兵、高娜娜，2019），但是这种影响不一定是线性的，教育对民生福祉的影响也可能是先促进后抑制的关系（刘美秀等，2013）。从代际传递的角度来看，父母的教育、工作状况以及父母的社会经济地位都会对后代的民生福祉产生影响（Anne 等，2001）。父母的教育对孩子民生福祉的影响至关重要。父母所营造的家庭环境对孩子的民生福祉产生显著的影响（Newland，2015）。

2.4 关于住房与民生福祉关系的相关研究

近年来随着各国城市化的不断推进，国内外学者关于住房对民生福祉的影响研究越来越多。从研究内容上来看，现有大部分研究主要是关于居民家庭住房产权获得、房价上涨、住房条件质量以及住房分层问题及其社会影响以及影响机制的分析。但是，从目前已有研究领域和内容来看，直接关于住房分层与民生福祉的影响关系的研究相对较少，更缺乏对住房分层对民生福祉影响的多维度研究。而现有关于住房产权获得、房价上涨以及住房居住属性和投资属性对民生福祉的影响研究结论也存在相互矛盾，这也为本书的研究提供了一个很好的分析视角。

2.4.1 关于住房产权对民生福祉的影响研究

国外学者关于住房影响民生福祉的研究首先基于居民自有住房状况对其民生福祉影响的研究，这些研究主要围绕自有住房带给居民的私人和社会后果展开（Dietz、Haurin，2003）。住房不仅关系到家庭的切身利益，而且关系到下一代子女的教育和生活机会（Conley，2001）。桑德斯（2010）认为是否拥有住房所有权对住房分层极为重要。在住房升值时期，有房者和租房者增加财富的机会明显不同，住房所有权对于财富分配的意义，劳动阶层可以通过购买楼房而增加资产，从而分享经济发展成果。但是 Bucchianeri（2011）则通过美国的微观数据发现，在其他影响民生福祉的因素得到控制的情况下，住房拥有者并不比租房者拥有更高的民生福祉，这些租房群体的自尊程度也不存在差异。中国住房市场化和商品化改革以后，围绕着住房产权分配关系的变化对全社会利益分配带来了深远的影响，学者们研究住房产权获得对居民福祉产生的重要影响。李涛等（2011）认为不同产权类型的自有住房对民生福祉的影响存在显著差异，拥有"大产权"住房和更多的"大产权"住房能够显著提高民生福祉，拥有"小产权"住房以及"小产权"住房的数量对民生福祉没有显著影响。因此，住房是影响居民幸福的重要因素（牛楠，2012）。居民家庭有住房产权的居民比没有住房产权的民生福祉水平更高（毛小平，2013）。而且，自有产权住房不仅对居民的民生福祉有显著的正向影响，而且越早拥有住房的家庭民生福祉越高（孙伟增、郑思齐，2013）。住房自有对民生福祉起到积极作用，而且住房自有远大于个人收入对民生福祉带来的影响（王先柱等，2018；Zhang、Zhang，2018）。从产权完整度来看，"大产权"和"有限产权"住房对城镇居民主观民生福祉都有显著正向影响，但"有限产权"影响相对较弱，而"小产权"住房对居民主观民生福祉并没有显著影响。拥有一套与拥有多套"大产权"住房对居民主观民生福祉都有显著正向影响（赵琳琳、张洋，2018）。但是也有学者认为，住房产权拥有对民生福祉的影响并不是绝对的，要视情况而定，中低收入居民无论是购房或不购房，其主观民生福祉都会显著下降，而对于高收入居民购房其主观民生福祉会显著提高（毛小平，2015）。住房产权对民生福祉存在显著的影响不仅取决于住房产权，还取决于住房的贷款状况（Cheng 等，2016）。张洋等（2017）认为拥有住房产权能显著提升北京市民生福祉水平。从区域差异来看，住房产权、住房面积等因素对居民的主观民生福祉的影响存在东部、中部及西部地区的梯化特征（王先柱、王敏，2018）。

2.4.2 关于房价上涨对民生福祉的影响研究

在分析有无住房产权对民生福祉影响的基础上，学者们进一步论证了房价上涨对民生福祉的影响，但是学者们的研究结论有两种截然相反的结果。一部分学者认为房价上涨提升居民的民生福祉。林江等（2012）认为房价上涨对租房者民生福祉具有显著负效应，对多房者和仅有一套房产者的民生福祉带来显著正向效应，且对多房者民生福祉的正向效应显著高于仅有一套房产者。Wei Chen 等（2019）通过不同数据库的微观数据实证分析发现房价上涨带来的住房财富的上升提高了居民的民生福祉。Zhang、Zhang（2019）认为住房对主观民生福祉的影响渠道主要取决于住房资产，房价上涨带动了住房价值增值，显著改善了居民的主观民生福祉。但是也有学者否认这一观点，彭代彦、闵秋红（2015）基于 CGSS2013 数据的研究发现，整体上而言，房价上涨降低了民生福祉，房价对民生福祉具有显著的负向效应（安虎森等，2018），高房价显著抑制了居民的主观民生福祉（欧阳一漪、张骥，2018）。这可能是由于不同时间阶段和不同住房群体的特殊性所导致的，在房价上涨的背景下，住房产权对民生福祉的影响作用在2003 年不显著，但是在 2013 年以后这种影响开始显著并且有所增强，拥有房产越多的居民民生福祉越高（杨巧，2018）。房价对民生福祉的影响还依赖于住房拥有量，无房者的民生福祉低于同等条件下的有房者（安虎森、叶金珍，2018）。房价上涨对有房产的居民来说增加了资产价值，具有财富效应。但对于低收入者来说却降低了他们的民生福祉。然而对于房价上涨预期强烈、住房改善需求大、所在地区房价上涨过快的居民来说，仍然会降低他们的主观民生福祉（欧阳一漪、张骥，2018）。房价上涨对房主生活满意度有显著的正向效应，但对无房者则有不显著的负向效应（姜茗予，2019）。

2.4.3　关于住房环境与居民生活质量的研究

住房的基本功能在于满足居民的生活居住需求，因此住房空间环境质量条件是民生福祉的重要因素。Angrist（1974）通过住户的家庭访谈数据的多元回归结果表明，住房宜居性、社区的认同、对犯罪的恐惧、社会关系和未来期望是影响住户民生福祉的重要因素。住房的环境对成年人和儿童的健康带来重要的影响（Martin，1988），尤其是对于流动人口（Zhang、Fang，2006）和中低收入人群（Form，2010），住房面积和住房舒适对流动人口和中低收入阶层的居住满意度与住房不平等都产生了重要的影响。李超、万海远（2013）利用联合国人居署、中国社科院联合课题组 2012 年的调查数据研究发现贫民住区改造显著影响改善了社区生活质量，对不同民生福祉层次的原住民都产生了积极影响。部分学者还从住房的环境质量的角度进行分析，分别从住房内部的环境条件和住房的空间环境（高红莉等，2014；范红忠、侯亚萌，2017）、住房面积（赵琳琳、张洋，2018）、社区环境和社区建设（刘晔等，2019）与民生福祉的关系等方面展开分析。同时，学者们还识别了住房环境质量影响居民生活质量的机制，如住房影响居民社会参与行为（Kingston、Fries，1994）、儿童成长和教育质量（Haurin 等，2002）、居民健康状况（Nettleton、Burrows，1998）、居民心理感受（Balfor、Smith，1996）和居民生活质量（Bucchianeri，2009）。总体来看，学者们认为，住房的环境条件也是影响居民生活质量的重要因素，对居民社会经济融入具有十分重要的意义（Zou 等，2019）。但是现有学者对于住房环境对居民生活质量的研究尚未上升到住房社区分层的高度，更没有从更加细化的影响机制进行深入分析。

2.4.4　关于住房分层与民生福祉的相关研究

随着我国住房不平等问题日益突出，住房分层对居民社会生活质量影响的研究近年来开始受到学术界越来越多的关注，不同学者从不同的视角进行了研究。整体来看，学者们将城市住房分层视为加剧社会贫富差距（刘祖云、毛小平，2012）的重要因素，从而影响居民的民生福祉。目前学者们主要集中于以下研究领域：一是关于有产阶层和无产阶层的民生福祉研究。学者们主要通过微观个体数据的实证分析来论证住房分层对民生福祉的影响，Hu（2013）认为住房拥有状况对个人整体民生福祉具有很强的正向影响，城市居民住房的绝对不平等影响了其民生福祉。住房分层通过影响人们的生活方式和生活感受以及社会阶层认知对民生福祉产生影响（胡蓉，2016）。而且住房阶层对民生福祉的影响基本上要高于职业阶层，不管是以产权净值现状还是以产权获得方式来衡量有产阶层，拥有自有产权住房会显著提升民生福祉，有产阶层的民生福祉要高于无产阶层（李骏，2017）。Zhang、Fang（2014）认为住房分层对居民社会满意度产生显著的影响，但是住房因素对不同群体的影响也不同，住房产权获得和住房财富增值对低收入住房所有者和居住在中国东部地区的居民主观民生福祉的影响更为显著（Zhang、Zhang，2019）。李路路、马睿泽（2020）认为住房分层对民众的社会认知与评价产生日益重要且持续的影响，房价上涨加剧了社会住房分配的不平等，有房和有多套房显著地增加了民生福祉（易成栋等，2020）。同时也有学者论证了住房分层对工作满意度和社会公平感的影响，发现多套住房者的工作满意度更高，仅拥有一套住房者表现出了比其他群体更低的工作满意度（刘斌等，2021）。从目前这一领域的最新研究来看，学者们开始关注住房分层对居民社会生活感知的影响，但是，目前关于住房分层与民生福祉的影响的研究还不多，现有学者大多从住房产权拥有、多套住房对民生福祉的直接影响进行研究，未能上升至住房分层的视角来开展研究，更没有从多维度以及不同维度下的路径机制来进行分析。

2.5 文献述评

综上所述，国内外学者对住房不平等问题的关注研究已经十分丰富，住房和民生福祉以及二者之间相关联的研究越来越受到学者们的重视，不同学者从不同的视角进行了丰富的理论和实证分析，目前已有的关于住房分层与民生福祉的相关研究主要是围绕住房产权获得、住房财富、房价上涨和住房质量条件对民生福祉的影响。对于其影响机制的探讨，大多数学者主要从住房不平等、住房财富效应的角度进行了分析，但是研究结论也存在观点不一致甚至相反的情况。整体来看，现有关于住房和民生福祉的研究未能深层次地分析我国住房分层对民生福祉的影响。这主要体现在如何基于经典社会分层理论构建我国住房分层的分析框架进而全面衡量和审视我国住房分层？从而回答我国住房分层主要表现在哪些维度，它们又是如何影响居民的民生福祉，这种影响背后的逻辑机制是什么，其潜在的中国特殊国情和制度根源是什么，未来房地产市场长效机制构建应当如何破解这些制度瓶颈，进而来解决城镇化进程中的住房问题特别是大城市日益严峻的住房问题矛盾，防止社会分化进一步扩大，从而增进全社会的民生福祉。这正是现有研究未能给予充分关注之处，同时也正是本书所要研究的重要议题。

总的来看，目前现有研究仍然存在以下几个方面的不足和有待进一步深化拓展之处，同时这也正是本书所要关注和弥补之处。

（1）从住房分层状况的研究广度来看，目前已有学者关于住房分层状况的研究大多是从社会分层领域，如不同收入、职业或某一特殊群体等单一视角进行住房分层的统计性描述和特征性概括，缺乏对我国住房分层进行更为全面的多维度分析和理论框架的建构，更没有将住房分层分析建立在的理论分析框架内进行全面分析。显然，住房分层作为社会分层的研究范畴，必须建立在权威的社会分层理论的基础上。同时，在我国特殊国情下，住房不仅仅是居住消费的商品，更涉及居民家庭的城市生存发展的基本权利、经济利益分配、社会交往身份关系的方方面面。尤其是随着我国经济社会的发展、住房分配改革，住房的多重社会经济属性不断强化，住房的法律权利属性、经济属性和社会属性日益显化，因此，住房分层理应进行更加全面地多维度分析。

（2）从住房分层的研究深度来看，已有关于住房分层的研究主要是从我国住房分层现状以及国家权力、市场化转型和个体选择等视角对这种现状背后的形成机制进行分析。但是现有研究没有进一步对这种住房分层形成给全社会民生福祉带来的影响以及这种影响背后的现实影响路径机制进行理论和实证研究。目前关于住房与居民家庭民生福祉的研究主要集中在房价上涨、居民家庭住房拥有、住房面积对民生福祉的影响，尚未从住房分层对民生福祉的影响的视角进行研究。尽管开始有少量关于住房不平等对民生福祉的研究，但是也尚未从住房分层的多维度性进行模型化的论证研究。而且，从已有研究的结论来看，不同学者研究的结果也不相同甚至存在相反的结论。

（3）从住房分层的研究精度来看，现有关于住房分层影响民生福祉的研究主要从有无住房、住房面积和多套住房对民生福祉的直接影响等视角展开，但是对于其内在影响机制的分析以及围绕机制进行实证研究却相对较少，更没有结合我国现实国情从住房权利分层、住房财富分层和住房社区分层背后反映的权力机制、居民家庭消费结构的视角以及社区空间排斥带来的居民社会融入和社会阶层身份认知等机制对民生福祉的影响进行分析。显然，这影响了对住房分层对民生福祉问题的比较深入的探讨。从我国住房发展的实际来看，1998 年以后我国住房制度改革经历了从福利分房到住房市场化商品化转轨，住房分配格局发生了巨大的变化。特别是近年来国内房价的过高过快上涨进一步加速并固化了全社会家庭住房分配格局的形成，并带来一系列的经济社会问题，住房分层背后的社会深层次的影响机制应当给予更多的重视，这样才有助于破解我国未来住房制度改革中关键环节问题。

　　本书以我国城市化进程中的住房制度改革及其配套制度安排为研究背景，以住房分层对民生福祉的影响为研究主题，利用马克斯·韦伯的经典多元社会分层理论来构建我国住房分层对民生福祉的分析框架，然后利用国内权威的微观社会调查数据（CGSS），通过丰富的理论和实证分析来论证我国住房权利分层、住房财富分层以及住房社区分层对居民家庭民生福祉的影响以及对这种影响背后的权利、财富、身份机制进行实证检验，得出研究结论，提出相应的政策建议，以期进一步弥补现有领域的研究不足，对我国未来住房制度改革、实现全民住有所居的社会发展目标提供一定的借鉴意义。

2.6　本章小结

　　本章通过梳理并归纳国内外目前关于住房与民生福祉关系的研究，在此基础上提出本书的研究视角，为后续的理论和实证分析的开展奠定基础。首先分析了住房分层的相关研究，主要梳理了国内外学者关于住房分层的状况、住房分层的影响因素以及住房分层的形成机制的研究。其次分析了国内外学者关于民生福祉内涵概念的不断演化，并对国内外关于民生福祉的测量以及影响民生福祉的多重经济和非经济因素的文献进行梳理和总结。最后分析了国内外学者将住房与民生福祉相结合的研究。主要包括住房产权有无对民生福祉的影响研究、房价上涨对民生福祉的影响研究、住房环境条件和质量对居民生活质量方面的影响研究。从现有研究的内容和结论来看，现有研究结论也存在不一致甚至相互矛盾的情况。如，基于目前的研究直接从住房分层的法律秩序、经济秩序和社会秩序等多维度的框架下来分析住房对民生福祉的影响的研究比较少，更缺乏住房分层对民生福祉影响的多维度研究以及不同住房分层维度下的影响机制的实证分析等。基于此，本书旨在提出本研究的创新之处，为后续开展进一步的研究奠定分析基础。

第 3 章　理论基础

本章节是理论基础部分，主要介绍住房分层影响民生福祉的经典理论基础，包括马克思主义理论视角下的社会分层论、马克斯·韦伯多元社会分层理论以及新时代以来中国住房政策的理论阐释。在此基础上论证这些理论与中国特殊国情背景和住房制度改革实践的关系，从而为下一章节构建住房分层影响民生福祉的理论框架奠定理论基础。

3.1　马克思主义社会分层与住房相关理论

学者关于住房分层的研究大多是基于社会分层的相关理论，将社会群体的住房或居住状况作为衡量分层的重要指标来进行研究分析。马克思的社会分层理论是早期关于社会分层研究的经典理论学派代表之一。马克思社会分层理论的主要提出者是马克思、恩格斯，其社会分层理论主要根据生产资料的占有状况和地位，这构成了马克思主义理论对于社会分层的基础，在这一理论基础下，整个社会被划分为有产阶级和无产阶级，而资本主义私有制社会的生产资料被资本家无偿占有，工人没有生产自由所有权，被迫在资本家的工厂里进行劳动并创造价值，资本给工人发放工资同时无偿占有工人阶级创造的剩余价值，因此，马克思将资本主义社会划分为剥削和被剥削阶级也即资产阶级和工人阶级。马克思的社会分层理论以生产资料的占有情况来界定社会分层的内在逻辑，得到了国内外学界的认可和研究。

在此基础上，马克思进一步从生产资料所有制的角度分析了资本主义私有制下的资本家私人占有土地必然导致城市工人阶级以及农民的住房短缺问题，认为劳动者住宅私有化之后，地位降低到极其低下和悲惨的状态。较早提出住房分层议题的是由德国著名思想家恩格斯在《论住宅问题》一书当中提出。恩格斯在书中论述了工业革命的发生和快速的工业化和城市化带来大量人口向城市流入，从而带来城市严重的住房短缺问题以及资本家和工人的巨大的住房差异。工人阶级住在居住拥挤、卫生条件差的低劣品质的住房里面，而资产阶级住在宽敞舒适的高楼大厦，恩格斯进而揭示了资本主义所有制关系下的住房分化问题。与马克思基本社会分层和住房理论观点一脉相承，恩格斯批判了蒲鲁东、萨克斯对住房问题的改良主义，提出了从经济学角度分析住房所有权、住房租赁问题，并探索了工人阶级住房问题产生的根源及应对措施。恩格斯指出，资本主义制度下的资本主义生产方式及其对住房的垄断必然导致工人阶级的住房短缺问题。工业革命带来巨大的用工需求和快速的城镇化带来城市涌入大量的工人，但是这些工人的居住权利却难以得到保障，再加上工人难以获取更多的收入用来买房或租房，大量的工人居无定所，但是资本家拥有的大量剩余住宅却没有提供给工人居住，恩格斯将其归结为资本主义的剥削制度。因此，恩格斯认为要从三个方面来应对当时工人阶级的住房问题：一是要变革资本主义生产方式；二是要消灭城乡二元对立；三是要保留住宅租赁制度。虽然马克思和恩格斯的住宅思想侧重点不同，但是二人却有许多共同之处，二者都指出了资本主义私有制度下必然导致工人阶级的住房短缺和房价、租金的上涨，这是导致社会产生住房分层的根本原因。

同时，马克思、恩格斯对于住房的属性也提出了一系列理论认识，马克思关于资本主义私有制下低收入工人群体的住房难题的逻辑起点，起源于"人的需要"。因此，在马克思、恩格斯看来，住房属性表现出的本质规律，是住房内嵌于人类社会发展进程及其社会制度的性质，这从根本上决定了住房的属性。因此，他们认为住房包含了自然属性（基本居住属性）、经济属性和社会属性，这些属性是马克思、恩格斯在就反思批判资本主义国家住房问题时形成的，也是任何社会形态和所有制关系下所表现出来的。

其中，就自然属性而言，马克思、恩格斯认为住房的自然属性就是具有居住功能，是为基本生活服务的"第一位的需求"，是人类生存发展必须依赖的物质生活条件，"人们为了能够创造历史，必须能够生活。但是为了生活，首先就需要衣食住以及其他东西"。在马克思、恩格斯看来，居住是人最基本的生存需求，是维持劳动者及其家属正常生活状况所必需的生活资料的重要组成部分，是个体和家庭从事其他一切生产生活的基础保障。从经济属性来看，马克思主义商品理论认为商品具有价值和使用价值两种属性，住房的使用价值在于为劳动者提供居住的场所，而其价值在于凝结在商品中的无差别的人类劳动，因此也具有衡量价值大小的价格，而价格的波动也会带来住房资产财富的波动。恩格斯进一步分析了住房的使用价值与交换价值等商品属性。他认为，住房作为商品，具有使用价值期限长，所有者可以通过出租或者出售让渡所有权和使用权，从而获得经济收益。但是恩格斯认为对于工人阶级而言，使用价值对于工薪阶层来说是首要的，他们购买住房主要是要获取住宅的最基本功能，获得生活与抚养家庭的空间。从社会属性来看，马克思、恩格斯认为住房是人从事其他社会活动的最基本需求和保障，因此具有社会保障属性，它是人类生存发展的必要条件，住房权是最为基础的人权，住房的分配反映了物质生活资料的分配，马克思认为这也反映了人与人之间的社会关系。

总之，马克思主义社会分层理论及其对住房的相关论述对于本书分析住房分层影响民生福祉具有十分重要的理论指导意义，其中对于社会分层和住房三重属性的理论分析也对本书后续构建理论分析框架具有十分重要的理论支撑意义。

3.2 马克斯·韦伯社会分层和住房相关理论

作为西方社会学领域最早提出社会分层理论的学者之一，马克斯·韦伯的多元社会分层理论是社会分层理论领域中的经典理论（如图 3-1 所示）。马克斯·韦伯认为社会分层结构是个多层面的统一体，除了经济地位之外，法律、社会同样是社会分层的两个重要属性，因为它们在造成社会分层方面具有突出影响力。因此，马克斯·韦伯认为社会分层应当由三种分层秩序来维系，也即法律秩序、经济秩序和社会秩序，其核心内涵如下：

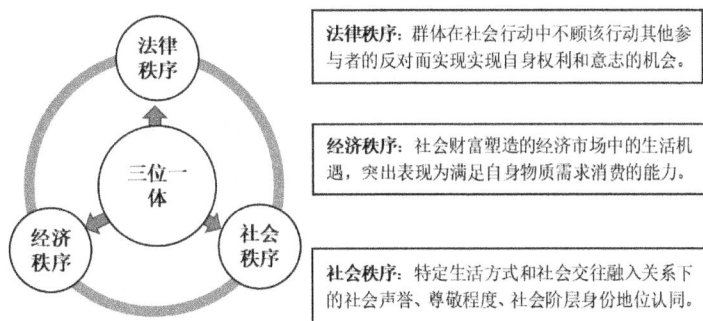

图 3-1　多元社会分层理论示意图

（1）法律秩序。法律秩序在马克斯·韦伯看来，"任何法律秩序的结构都会直接影响共同体内部经济和其他方面的权力分配，所有的法律秩序都是如此，而不光是国家才会如此"。关于权力的内涵，马克斯·韦伯指出，"一般来说，我们所理解的法律秩序下的权力是指某人或者某些人在社会行动中不顾该行动其他参与者的反对而实现自身意志的机会"（韦伯，2005）。法律秩序下的权力不仅取决于个人或群体对生产资料的所有关系，还取决于个人或群体在中的地位关系，它是"处于社会之中的行动者即便在遇到反对的情况下也能实现自己的意志的可能性"。因此，马克斯·韦伯认为所谓法律秩序的核心内涵是某一群体实现自身权利和意志的权利，是依据人们是否拥有以及多大程度上拥有实现自身权利和意志的机会来确定的。同时马克斯·韦伯也指出，法律秩序下的权力是独立存在的，受经济因素决定的权力并不等于法律秩序下的权力本身，也不等于社会秩序下的社会荣誉声望，经济权力和社会荣誉可能会受到法律秩序的保障，"但是法律秩序是增加掌权机会和荣誉机会的额外因素，但不可能始终未给他们提供保障"。

（2）经济秩序。经济秩序在马克斯·韦伯（1997）看来是"经济货物与服务的分配和利用"，是"占用货物或收入机会时的经济利益"，"它是在商品市场或者劳动力市场条件下得到体现的"。马克斯·韦伯指出，经济秩序的核心主要是指财富，是指社会成员在经济市场中的生活机遇。"一个最基本的经济事实是，许多人为了交换的目的在市场上进行竞争，而物质财产处置权在他们当中进行分配的方式，本身就创造着特定的生存机遇"。因此，生活机遇主要体现了用经济收入来进行商品或者是服务交换进而满足自身物质需求的能力。"这种分配模式能使有产者垄断机会把财产进行财富转移"，"它会增强他们与无财产者进行价格斗争时的权力，后者所能提供的只有自己的劳动力或者直接产品，而且为了维持生存还会贱卖这些产品"。因此，市场机遇的性质是个决定性的因素。同时，韦伯将基于经济秩序维度而划分群体叫做阶级。他认为阶级是由其市场机会和生活机会广泛相似的各种群体组成，是因在商品和劳动力市场中获取经济利益（占有财物与获得收入）的不同而享有不同生活机会的群体。阶级状况归根结底取决于市场状况、市场地位和市场状况（郑杭生，2019）。换而言之，划分阶级的标准是"市场购买力"或者如马克思所说的"钱袋的鼓瘪"。因此，韦伯所说的阶级差别"主要是货币量的差别或者能够很容易兑换成货币的对象处置权的差别，这些都会导致阶级状况发生分化"。

（3）社会秩序。社会秩序的核心在马克斯·韦伯看来就是身份秩序。身份秩序主要体现为基于特定相似的生活方式下的身份群体位置，它体现了个人的社会声誉和被尊敬的程度以及由此确立的社会身份地位高低次序。身份地位和声誉就是指人们在社会分层秩序中所处的位置。韦伯指出，身份是一种"特别稳定的邻里联合体"，"所有那些希望属于某个圈子的人还被要求遵循某种特定的生活方式，这一点至关重要。与这种要求相联系的就是对社会交往世界的限制"。"只要这不是单纯有个人或社会不着边际地模仿另一种生活方式，而是具有这种闭合性质的共识行动，身份的发展也就开始了"。马克斯·韦伯进一步指出，"在现代社会，身份群体在传统生活方式的基础上发展出了典型的分层形式，例如只有某个街区（大街）的居民才被认为属于社交界，才有资格参与社交交际"。"至关重要的是，这种分化是按照这样的方式演进的，它倾向于严格遵从在特定时代居于支配地位的社交风尚"。此外，马克斯·韦伯还认为，身份秩序还体现在人种隔离与种性认同，这种身份群体演变成得到惯性与法律以及宗教认可的保障以及产生尊严感和身份特权，对观念、实物或机会的垄断。因此，从社会秩序维度来看，影响人们身份和声誉的因素主要包括社会阶层出身、社会交往行为规范、文化认同、生活方式。社会身份地位与"同类意识"的产生有密切联系，它必须经由主观评判的方式来确定。

综上，韦伯认为衡量和考察社会的不平等和社会分层应当从法律秩序、经济秩序、社会秩序三个维度进行综合分析（韦伯，2010）。相应地，社会分层也有三个，即经济领域的财富分层法、社会领域的声望分层法与法律领域的权力分层法（刘祖云、戴洁，2005），即"权力—法律秩序、财富—经济秩序、威望—社会秩序"（顾朝林，2002）。韦伯提出用法律秩序、经济秩序与社会秩序三维指标来衡量社会成员的社会阶层地位，成为西方比较权威的普遍分层模式（官欣荣，1993）。总之，马克斯·韦伯的多元社会分层理论被后续的诸多社会学家所接受和沿用并进行完善，最终形成了韦伯社会分层理论学派，并成为社会分层理论代表性权威学派的理论源头之一，对社会分层的分析和测量影响深远（郑杭生，2013）。

3.3 新时代我国住房与民生公共服务的政策理论阐释

住房问和民生公共服务均等化问题关系到人民群众的切身利益，是党和国家高度重视的重要问题。特别是党的十八大以来，以习近平同志为核心的党中央对住房问题和民生公共服务作出了一系列重要部署（见表3-1），对于加快公共服务均等化和落实房住不炒、不断满足人民群众对美好生活的向往做出了重要的改革，取得了积极的成效。从党的十八大以来党和国家有关住房与民生公共服务领域的主要文件论述内容、政策脉络和演进轨迹可以看出，以习近平同志为核心的党中央越来越重视住房问题对民生福祉的重要影响。具体而言，其内在的政策理论逻辑体现为以下三个方面：

一是将住房问题上升至民生福祉的高度，凸显以人民为中心的思想理论内涵。特别是党的十九大以来，以更大的力度贯彻落实房住不炒，加快建立多主体供给、多渠道保障、租购并举的住房制度，加大保障性住房的供给力度，让全体人民住有所居，充分满足刚性需求家庭的住房需求。将住房保障置于人的需求和改善方面上来，更加注重住房市场的稳定性和住房的保障性作用。突出住房保障的重点在于城镇化进程中的新市民和青年群体，更加关注住房保障的普惠性意义。这些政策的变化与马克思主义理论和马克斯·韦伯对于社会分层理论以及住房相关的论述具有较强的一致性。

　　二是住房政策更加触及与住房问题背后所反映的公共服务不均等、可及性差等深层次的问题。党的十八大以来住房政策与民生公共服务政策的演进和政策焦点更加关注住房问题背后的民生公共服务领域，尤其是住房问题背后所反映的住房租购权利的不平衡、公共服务不均等、公共服务可及性差等深层次问题。显然，这些问题是由住房所伴生出的深层次问题，也是影响民生福祉的重要领域。这些政策的优化和内在逻辑的变化也与马克思社会分层理论及其住房三重属性理论以及马克斯·韦伯对于社会分层理论在内在逻辑上具有高度的一致性。

　　三是更加关注住房问题背后社会分配公平和社会治理议题。从党的十八大以来党中央关于住房制度改革与民生公共服务建设的政策演进和内在理论逻辑来看，住房政策的优化与民生公共服务改善共同的目标上升至为推动社会公平正义，实现社会共同富裕，兜牢民生底线，维护社会稳定，实现社会善治。这表明住房政策更多地从更高纬度的社会治理体系和治理能力提升，住房政策、民生公共服务与社会治理更加紧密，这种政策演进说明住房的社会属性更加受到政府的关注，这一议题与马克思、恩格斯的社会分层、住房理论以及马克斯·韦伯的社会分层理论也具有重要的逻辑自洽性，同时也是本书在后续的理论构建和实证分析中所重点关注的重要领域。

表 3-1　党的十八大以来党和国家有关住房与民生公共服务的主要政策汇总

年份	重要会议	有关民生与公共服务表述	有关住房政策表述
2024 年 7 月	二十届三中全会	增强基本公共服务均衡性和可及性……推行由常住地登记户口提供基本公共服务制度，推动符合条件的农业转移人口住房保障、随迁子女义务教育等享有同迁入地户籍人口同等权利"。	加快建立租购并举的住房制度，加快构建房地产发展新模式。加大保障性住房建设和供给，满足工薪群体刚性住房需求等。

续表

年份	重要会议	有关民生与公共服务表述	有关住房政策表述
2023年12月	中央经济工作会议	"增进民生福祉，保持社会稳定""切实保障和改善民生。要坚持尽力而为、量力而行，兜住、兜准、兜牢民生底线"。	积极稳妥化解房地产风险，一视同仁满足不同所有制房地产企业的合理融资需求，促进房地产市场平稳健康发展。加快推进保障性住房建设……城中村改造等"三大工程"。
2022年	中央经济工作会议	要强化基本公共服务，兜牢基本民生底线，支持引导社会力量增加多元供给，持续增进民生福祉。	要确保房地产市场平稳发展……要因城施策，支持刚性和改善性住房需求，解决好新市民、青年人等住房问题，探索长租房市场建设。要坚持房子是用来住的、不是用来炒的定位等。
2022年	党的二十大	要实现好、维护好、发展好最广大人民根本利益，紧紧抓住人民最关心最直接最现实的利益问题，坚持尽力而为、量力而行……健全基本公共服务体系，提高公共服务水平，增强均衡性和可及性，扎实推进共同富裕。	坚持房子是用来住的、不是用来炒的定位，加快建立多主体供给、多渠道保障、租购并举的住房制度。
2021年	中央经济工作会议	社会政策要兜住兜牢民生底线。要统筹推进经济发展和民生保障，健全常住地提供基本公共服务制度。要坚持尽力而为、量力而行，完善公共服务政策制度体系，在教育、医疗、养老、住房等人民群众最关心的领域精准提供基本公共服务。	要坚持房子是用来住的、不是用来炒的定位，加强预期引导，探索新的发展模式，坚持租购并举，加快发展长租房市场，推进保障性住房建设，支持商品房市场更好满足购房者的合理住房需求，因城施策促进房地产业良性循环和健康发展。
2020年12月	中央经济工作会议	完善支持社会资本参与的机制和政策，更加注重民生基础设施补短板，推动新型城镇化和区域协调发展。要做好基本民生保障工作……持续改善人民生活。	解决好大城市住房突出问题。住房问题关系民生福祉。要坚持房子是用来住的、不是用来炒的定位，因地制宜、多策并举，促进房地产市场平稳健康发展以及加快完善长租房政策，逐步使租购住房在享受公共服务上具有同等权利，规范发展长租房市场。

续表

年份	重要会议	有关民生与公共服务表述	有关住房政策表述
2019年12月	中央经济工作会议	要坚持尽力而为、量力而行，完善公共服务政策制度体系，在教育、医疗、养老、住房等人民群众最关心的领域精准提供基本公共服务。	要坚持房子是用来住的、不是用来炒的定位……坚持租购并举，加快发展长租房市场，推进保障性住房建设，支持商品房市场更好满足购房者的合理住房需求等。
2018年12月	中央经济工作会议	加强保障和改善民生。要完善制度、守住底线，精心做好各项民生工作。	要构建房地产市场健康发展长效机制，坚持房子是用来住的、不是用来炒的定位，因城施策、分类指导，夯实城市政府主体责任，完善住房市场体系和住房保障体系。
2017年12月	中央经济工作会议	社会政策要注重解决突出民生问题，积极主动回应群众关切，加强基本公共服务，加强基本民生保障，及时化解社会矛盾。	加快建立多主体供应、多渠道保障、租购并举的住房制度。要发展住房租赁市场特别是长期租赁，保护租赁利益相关方合法权益……完善促进房地产市场平稳健康发展的长效机制等。
2017年10月	党的十九大	完善公共服务体系，保障群众基本生活，不断满足人民日益增长的美好生活需要，不断促进社会公平正义，形成有效的社会治理、良好的社会秩序，使人民获得感、幸福感、安全感更加充实、更有保障、更可持续。	坚持房子是用来住的、不是用来炒的定位，加快建立多主体供给、多渠道保障、租购并举的住房制度，让全体人民住有所居。
2016年12月	中央经济工作会议	"更好统筹民生改善与经济发展，进一步织密扎牢民生保障网"。"提高三四线城市和特大城市间基础设施的互联互通，提高三四线城市教育、医疗等公共服务水平，增强对农业转移人口的吸引力"。	要坚持"房子是用来住的、不是用来炒的"的定位……既抑制房地产泡沫，又防止出现大起大落……要加快住房租赁市场立法，加快机构化、规模化租赁企业发展等。
2015年	中央经济工作会议	社会政策要托底，就是要守住民生底线。要更好发挥社会保障的社会稳定器作用，把重点放在兜底上，保障群众基本生活，保障基本公共服务。	要明确深化住房制度改革方向，以满足新市民住房需求为主要出发点，以建立购租并举的住房制度为主要方向，把公租房扩大到非户籍人口等。

续表

年份	重要会议	有关民生与公共服务表述	有关住房政策表述
2014年	中央经济工作会议	加强基本公共服务体系建设，着力改善民生，切实提高经济发展质量和效益，促进经济持续健康发展、社会和谐稳定。	努力解决好住房问题，探索适合国情、符合发展阶段性特征的住房模式，加大廉租住房、公共租赁住房等保障性住房建设和供给，做好棚户区改造等。
2013年	中央经济工作会议	加强基本公共服务体系建设，着力改善民生，切实提高经济发展质量和效益，促进经济持续健康发展、社会和谐稳定。	构建房地产市场健康发展长效机制，坚持房子是用来住的、不是用来炒的定位，因城施策、分类指导，夯实城市政府主体责任，完善住房市场体系和住房保障体系。
2012年	党的十八大	要坚持全覆盖、保基本、多层次……努力实现城镇基本公共服务常住人口全覆盖……着力在城乡规划、基础设施、公共服务等方面推进一体化，促进城乡要素平等交换和公共资源均衡配置。	建立市场配置和政府保障相结合的住房制度，加强保障性住房建设和管理，满足困难家庭基本需求。

注：内容由作者根据权威媒体报道收集汇总

3.4 社会分层理论应用于我国住房分层研究的适用性

作为经典的社会分层理论的代表学派，马克思主义关于社会分层和住房的相关理论以及马克斯·韦伯的多元社会分层理论对于全面分析我国住房分层具有十分重要的理论指导意义和研究适用性。其中，马克思主义关于社会分层和住房相关理论在宏观上更具整体普遍的指导意义，其生产资料占有为划分依据的社会分层理论和住房的相关理论阐述，为本书的住房分层影响民生福祉提供了重要的理论指导。同时，马克斯·韦伯的多元社会分层理论在具体研究路径上提供了重要的理论机制分析工具，对本书关于住房分层影响民生福祉提供了重要的理论机理。新中国成立以来我国住房制度改革发展处于计划经济向市场经济的转轨背景下，住房分配制度经历了从国家福利分配住房体制向市场化商品化体制的转变，住房分配的逻辑由以行政科层等级为基础向市场化商品化为基础进行转变。住房制度改革的整个发展历程和住房分配格局变化以及由此带来的社会影响，鲜明地体现了马克思、恩格斯关于社会分层和住房自然属性、经济属性和社会属性的论述以及马克斯·韦伯的多元社会分层理论中的法律秩序、经济秩序和社会秩序。具体来讲主要包括以下三个方面：

（1）马克思主义社会分层理论和住房理论及马克斯·韦伯多元社会分层理论与住房分层在整体研究范畴上是一致的。首先，从社会分层和住房分层的研究范畴来看，社会分层理论是社会成员按照一定的社会分层标准或者社会某一方面的资源条件而进行的社会等级、层次、结构、位置的划分（陆学艺，2002；Saunders,2010；郑杭生，2013）。而住房分层理论是建立在社会分层理论基础之上，是基于住房这一特殊综合性生活资源作为一种社会阶层分析的重要标准而进行社会分层的划分（刘祖云，2004；李强，2009），是在社会分层概念和研究范畴的基础上对社会分层的进一步延伸。其次，从社会分层和住房分层的理论内涵来看，马克斯·韦伯多元社会分层理论提出从应当法律秩序、经济秩序、社会秩序三个维度进行社会分层的分析，成为被国内外学者尤其是研究城市社会学领域的学者广为接受并沿用至今的经典社会分层理论。而住房作为社会分层中当中占据着十分重要的角色和地位的社会资源，是社会分层的重要划分标准，是研究和透视社会分层的重要视角和领域。马克斯·韦伯也较早地提出了关于住房财产阶级概念，他认为否拥有房屋是社会分层的一项重要指标（Weber，1987），这表明住房分层也是马克斯·韦伯的社会分层理论当中所包含的重要考虑因素。因此，马克思关于社会分层和住房属性的分析、马克斯·韦伯多元社会分层理论和我国住房分层，无论是在社会分层的整体范畴还是理论内涵上都具有高度的统一性，能够对我国住房分层问题的研究提供有效且充分的理论指导。

（2）马克思主义住房理论中的住房三重属性和马克斯·韦伯多元社会分层理论所提出的法律秩序、经济秩序和社会秩序三个维度与我国住房的多重法律、经济、社会属性具有高度的对应性和一致性，能够与住房分层的多重维度分析进行更加有效的衔接。马克思认为住房具有自然属性（基本居住属性）、经济属性和社会属性，而马克斯·韦伯多元社会分层理论认为，社会分层应当是一个包含多个多层面的统一体，除了传统的社会分层理论把经济因素作为社会分层的重要考虑因素之外，还应当考虑法律、社会两种分层属性的重要性，因为它们在造成社会不平等方面具有突出影响力。因此马克斯·韦伯多元社会分层理论提出社会分层应当从法律、经济、社会三个角度综合考察，是一个包含了法律秩序、经济秩序和社会秩序三种分层秩序来维系的综合体。就住房分层而言，正如本书在第四章节关于住房的多重法律权利、经济、社会属性的理论分析所述，住房本身具有较强的法律权利属性、经济属性和社会属性。特别是我国住房市场化商品化改革以后，住房的法律权利、经济、社会多重属性进一步显化。尤其是在租购不同权制度安排下，基于居民家庭住房产权获得所带来其他城市发展权利失衡、住房资产财富效应以及住房社区隔离等问题日益突出，住房已然在福利分房制度向市场化商品化转轨过程中被打上深刻的政治、经济、社会属性的烙印。因此，马克思主义关于住房三种属性、马克斯·韦伯关于法律秩序、经济秩序、社会秩序与与住房的法律权利、经济、社会属性有效的呼应和衔接，对于我国住房分层的分析具有十分重要的指导意义和研究适用性。

（3）马克思主义理论中的住房三种属性和马克斯·韦伯多元社会分层理论当中法律秩序、经济秩序和社会秩序所对应的核心内涵"权力"、"财富"和"身份"，与我国住房分配制度安排和改革发展转轨过程以及我国国情背景下住房对于全社会居民家庭的法律、经济、社会意义是一脉相承的。在马克思主义理论中的住房三种属性中，住房的自然属性、经济属性和社会属性对应着权利、财富和社会关系。马克斯·韦伯的多元社会分层理论当中，法律秩序、经济秩序和社会秩序所对应的核心内涵"权力"、"财富"和"身份"。其中，权力意味着为实现自身权利和意志的可能，是依据人们是否拥有权力以及权力的大小确定的。而财富在马克斯·韦伯看来，主要是个人占有财物与获得收入的不同而享有不同生活机会的群体，是个人用其经济收入、财富大小以及通过商品或劳务交换来满足自己物质需求的能力，尤其表现为货币量的差别和"市场购买力"而形塑的生活机遇和市场经济地位（郑杭生，2019）。这与我国住房市场化商品化改革以来住房资产财富属性不断增强，住房财富效应对居民家庭市场消费的影响愈加凸显是一致的。而社会秩序的核心身份在马克斯·韦伯看来是基于特定生活方式的身份群体的位置，是个人获得的社会尊重和身份认同，这在我国住房社区分层当中表现得十分明显和突出。在我国城镇化和住房制度改革进程当中，不同社区类型下不同的社区公共空间和配套设施，也聚集着不同身份群体的社会成员，同时也意味着社会成员的不同的生活方式和社会交往关系，从而影响这群人的社会融入和社会阶层身份地位高低认同。因此，马克思主义理论下的住房三重属性与马克斯·韦伯的多元社会分层理论当中法律秩序、经济秩序和社会秩序所对应的核心内涵"权力"、"财富"和"身份"，是解释我国住房体制改革和住房分配中的"权利"、"财富"和"身份"的有效分析视角。

3.5 本章小结

本章节是理论分析部分，首先对马克思主义理论视角下的社会分层和住房进行分析，然后对马克斯·韦伯的社会分层理论进行分析，接着分析了新时代以来中国住房政策和民生公共服务的政策演进轨迹及其内在理论逻辑。在此基础上论证马克思主义及其住房理论和马克斯·韦伯多元社会分层理论对于解释中国住房分层影响民生福祉的实用性，从而为下一章节构建住房分层影响民生福祉的理论框架奠定理论基础。

第4章 住房多重属性、住房分层与民生福祉的量化衡量

住房分层的多维度分析及其对民生福祉的影响必须建立在对住房这一关键变量的清晰认识的基础上。因此，有必要首先对住房的多重属性如法律权利、经济属性和社会属性特征进行分析，从而为构建的住房分层理论分析框架奠定基础。本章对涉及的核心概念变量住房和住房分层以及民生福祉的量化衡量进行分析，从而为后续关于住房分层的法律秩序、经济秩序和社会秩序的多维度分析框架构建做好概念理论铺垫。首先是对核心变量住房的多重属性即法律权利、经济属性和社会属性特征进行分析，详细分析了住房的法律权利属性、资产财富经济属性和社会媒介、社会民生属性等。关于住房分层的衡量，首先分析了学者们在现有做法下对住房分层单一维度的衡量，其次论证了单一维度衡量住房分层存在的不足，在此基础上提出住房分层的法律权利、经济和社会多维度的衡量改进。最后对民生福祉进行量化衡量分析，将民生福祉限定为主观民生福祉的定序量化测量。

4.1 住房的多重社会经济属性特征

住房作为一种特殊的商品，是附着在土地之上的不动产。首先，它能够为人们的生存发展提供基本的地理空间，具有商品的基本消费品属性。其次，住房也是居民个人和家庭的重要资产财富，具有较强的资产投资品价值，因此具有较强的资产财富属性。再次，住房在宪法和法律权属关系上附带了多种的公民基本权利如所有权、使用权、受益权、居住权等多项权利，具有较强的法律权利属性。最后，住房还是连接居民与社会公共关系特别是公共物品分配以及人与人之间社区交往关系的纽带，具有较强的社会属性。具体来说，住房的多重法律、经济、社会属性包括以下几个方面。

4.1.1 住房的法律权利属性特征

住房的法律权利属性特征表现为，住房是在一定法律制度条件下的多种产权与权利综合体，是一种将住房产权关系用法律的形式给予明确规定和保护的法律权利（谢经荣、吕萍，2013）。首先，住房的法律权利属性体现在住房作为主要的不动产物权，是所有权、使用权、抵押担保等多种权利的复合，涉及公民对住房的占有、使用、收益、处分等法律规定的权利安排。居民有无住房产权意味着住房权利的实现程度上存在巨大的差别，这种差别的核心是产权对个体的激励，即所谓"有恒产者有恒心"，而这种产权的权利保护激励是居民从事其他社会创造的基础，对居民的生存发展和社会认知具有基础性影响。其次，住房的法律权利属性还体现在公民拥有获得住房居住的权利是宪法和法律赋予公民最基本的权利之一，是一项基本的人权。1948年，联合国通过的《世界人权宣言》将住房作为人的基本权利写入其中。1996年，第二次联合国人居大会指出，"人人享有适当的住房""人人享有维持生活必须的、并求得发展的适当的住房"是"人的生存权和发展权的基本内容"。2020年6月，全国人大表决通过的我国首部《民法典》首次将保障和维护居民的"居住权"写入法律。再次，住房的法律权利属性还体现在与住房产权高度关联的城市公共服务享受权（胡婉旸、郑思齐，2014；夏怡然、陆铭，2015）上。在我国特殊国情背景和城市制度安排下，由于住房市场制度建设的不完善，对购房者和租赁者在城市公共物品分配和享受资格权利上存在较大的差异对待，以及租赁市场中对租赁者的居住权的保障不足、租购双方权责不对等的一系列制度性和非制度性歧视（郑思齐、刘洪玉，2004；黄燕芬等，2017）。此外，住房的法律权利属性还体现为居民住房权利的保障尤其是"租购不同权"的制度安排下的居民城市权利的差异化，也即拥有产权式住房和租赁住房群体存在一定的城市公共服务资源享受的资格权利的差异，这些都是住房的法律权利属性的重要体现。住房的法律权利属性侧重于对住房产权的法律界定以及在这种法律界定下人们对住房所拥有的直接权利和附属权利，因此住房的法律权利属性是刻画住房分层的重要基础属性。

4.1.2 住房的经济属性特征

住房的经济属性特征主要是指住房作为一种市场交换的商品的价值属性。住房的经济属性突出地表现在住房是居民家庭重要的财产利益，具有较强投资抵押占有处置收益的经济功能，是居民家庭重要的资产财富。具体而言，首先，住房的经济属性体现在住房作为家庭理财投资的重要产品领域，对居民投资偏好具有较强的吸引力。尤其是在房价上涨较快的情况下，住房的投资品属性将会带来较强的市场投资投机行为，从而给居民家庭资产财富的增值提供一定可能（余华义等，2017）。其次，住房的经济属性还体现在住房作为重要的家庭不动产资产，具有较强的抵押品属性，居民可以通过将住房进行抵押获取贷款，实现其他经济行为，降低家庭的财务约束（李涛等，2011），从而影响居民家庭消费支出和其他经济行为的决策行为。因此，住房的经济属性，尤其是资产投资属性和抵押品属性，使得住房成为居民家庭重要的资产财富形式。住房在使用过程中不同的产品属性所带来的收益不同，住房可以被看作消费品、投资品以及介于两者之间的中介产品。在具体使用中，住房产品属性的不同带来的收益也不同。住房作为消费品所获得的收益包括当前住房服务的享用和住房所处的地理位置带来的潜在收益。住房作为中介产品，可以成为达到其他目标的一个有效途径，如获得就业机会、享受周边卫生保健设施、为孩子提供好的学校教育以及一定的经济收益等。最后，住房作为投资品，同时拥有资金收益和未来的房屋服务享用（陈淑云，2012；黄燕芬等，2019）。因此，住房的经济属性是建立在住房的法律权利属性之上，但是又与政治权利属性存在一定的差异而独立存在，它侧重于反映住房的商品经济价值内涵，所以也是刻画住房分层的重要维度。

4.1.3 住房的社会属性特征

住房的社会属性体现在，住房不仅仅是一定法律制度规定下的法律权利综合体和资产财富，还构成了连接人与人之间、人与国家之间以及人与社会之间的交往关系网络，涉及城市中的社会资源的分配关系，从而反映了住房的社会关系属性。尤其是在我国特殊国情下，住房不仅仅是居民安身立命的空间，还是影响社会公共物品分配以及人与人之间社会交往的重要因素（李强，2009）。一方面，住房是连接居民家庭与政府和社会公共服务的纽带，决定着居民公共服务的资格权利和可及性、便捷性。不同社区的住房也意味着不同的公共服务内容和水平，从而意味着不同的生活品质。高品质住房社区则意味着优质的教育医疗服务资源，如便捷的交通、医疗、教育等影响居民家庭生活质量的公共服务资源。另一方面，住房在城市空间上的集聚形成的住房社区会成为相对稳定的社会网络关系、邻里关系、休闲娱乐生活方式等，形成一定的社会交往空间（郑杭生，2019）。这对居民来说具有广泛的社会意义，它促进了社会经济和社会地位符号且相对稳定的生活模式的形成（李强，2009）。由于社会优质资源的稀缺性和基于自利性的目的，这种享有相对稳定的社会交往空间和生活方式的人群为了巩固对本群体内部的社区空间资源不被外部群体介入和争夺，会通过建立其他群体难以进入的门槛，从而对其他群体形成社会排斥，从而实现自身群体利益的不断巩固。在这一过程中，以住房为媒介的社会关系逐渐成为影响不同利益群体社会交往融入和社会身份地位认同的重要工具。

此外，住房还具有基本民生消费品属性，对于居民家庭、国家乃至全社会具有综合的社会民生意义。住房的基本民生消费品属性主要是指住房作为一种特殊商品的使用价值属性，是影响全社会居民家庭的基本民生状况的关键环节。具体而言，住房的社会民生基本消费品属性突出地体现在住房作为是一种特殊的基本生活必须消费品，具有能够满足人们基本居住消费的使用价值，是满足居民家庭居住消费这一最基本的生存需求的消费品。住房对于人们的民生福祉的最初意义是源于住房的避风遮雨功能。住房作为人们生活工作的重要载体，是个体生存和发展的基础，并贯穿于人的其他社会层次需求的始终。住房问题的解决，居住条件和环境的改善将带来人的个体尊严的维护、社会交往和个体自我实现需求的满足，从而实现民生福祉的提升（劳丽，2015）。与其他生活消费品相比，住房的基本消费品属性体现在它的体积大、价值高、耐久性强、庇护性强等特性，其他基本生活消费都无法与住房相提并论，因此是居民赖以生存和栖息的最重要的"物质实体"（李强，2009）。因此，住房的社会属性以及基本民生消费属性也是反映和考察住房分层的重要维度。

4.2　住房分层的不同维度衡量

近年来，住房分层受到越来越多学者的关注，国内外学者关于住房分层的研究也越来越丰富。但是由于住房分层是一个相对较新的概念，学者们关于住房分层的衡量也各自表述，目前尚无一个权威的界定。学者们大多根据社会分层理论来定义和理解住房分层。根据社会分层的概念，社会分层本质上讲的是社会资源在各群体中的分层秩序和结构化分布（李路路，2002）。社会分层的划分标准是根据社会资源状况（刘祖云，2004）。根据经济社会发展中所涉及的资源类型，即生产资料资源、财产或收入资源、市场资源、职业或就业资源、政治权力资源、文化资源、社会关系资源、主观声望资源、公民权利资源，以及人力资源等生活资源应当成为社会分层的重要衡量标准（陆学艺，2002；毛小平，2010；刘祖云、戴洁，2005）。因此，关于住房分层的衡量存在单一维度和多维度的区别。

4.2.1　住房分层的单一维度衡量

关于我国住房分层如何衡量，不同的学者通过不同的视角进行了不同的研究。学者们根据不同时期我国住房分配关系的变化和不同研究对住房分层进行了衡量。从社会分层或者住房分层的单一维度的衡量来看，李春玲（2002）认为住房是反映家庭拥有财富重要的客观指标，也是最真实、最易测量的有效指标。住房作为最重要的生活资源，应当是社会分层的重要标准（李强，2009）。根据不同的研究角度，学者们对于住房分层的衡量主要包括以下几个方面：一是根据住房需求将居民分为不积极的富有者、积极的富有者、住房财富的依附者、已满足住房需求者、住房积极需求者、住房有条件需求者、住房需求无望者等七个住房阶层（张曙光，2010）；二是以房价为标准，将居民分为有房阶级、无房阶级、公房阶级、农房阶级以及炒房阶级等阶层群体划分（徐子东，2010）；三是根据住房地位差异将居民群体分为六种阶层：商品房户、回迁房户、单位房改房户、简易楼住户、廉租房户、传统私房户（李强，2009）。四是根据某一类人群如青年群体的住房状况将住房分层划分为有房阶层、借房阶层和租房阶层（张俊浦，2009）；刘祖云、戴洁（2005）将住房作为生活资源分层的标准，将城镇居民划分为：贫困阶层、温饱阶层、中间阶层、小康阶层、富裕阶层。刘祖云、胡蓉（2006）根据住房条件、住房产权、住房区位等将居民划分为五个层次，分别为：居住于高房价高档社区的中青年白领、居住于中上房价中高档社区的中青年技术工人、居住于中等房价中档社区的中老年下岗或退休群体、居住区位分化的中青年自雇者及产业工人和居住于地方加低档社区的中老年失业群体。刘祖云（2012）通过广州市的住房状况调查数据，根据产权结构由低到高的状况将我国住房分层划分为：无产权房阶层、有产权房阶层（福利性产权房阶层、商品性产权房阶层、继承性产权房阶层）和多产权房阶层构成的"三阶五级式"结构。因此，从目前来看，大部分学者主要通过单一维度来对住房分层进行衡量和分析。

但是，单一维度来对住房分层进行衡量显然存在一定的不足，难以更加全面地衡量住房分层的多层次性和多维度性。如前所述，住房具有多重的政治、经济和社会属性，这些不同的属性代表着不同的社会经济内涵，它们在住房分层当中扮演着十分重要的作用，对于住房分层的形成也具有不同的影响、作用和意义，这就决定了住房分层应当是多个维度的综合体现。尤其是随着近年来我国住房市场化商品化改革的不断推进，住房的权益关系日益丰富化，住房权利对于居民家庭乃至全社会的重要意义不断扩大。而房价的不断上涨使得住房的经济属性不断放大，住房的多重属性在经济社会发展中的作用进一步得到凸显，住房的法律、经济和社会属性在各自的领域对居民家庭和全社会住房分配秩序格局产生了深远的影响，在住房分层的形成当中也扮演着不同的角色。因此，对于住房分层的衡量理应在更加全面的维度上进行，从而能够更好地反映住房在当前经济社会快速发展过程中对于居民家庭的丰富内涵，以及在居民家庭住房分层当中的重要意义。

4.2.2 住房分层的多重维度衡量

随着经济社会发展和城镇化进程的加快，住房的内涵不断丰富化和多元化，以往关于住房分层的单一维度的衡量难以满足当前住房的多重属性特征以及不断显化的住房分层的多维度分析需要。为了更加全面系统地反映住房分层的多维度和多层次性，本书结合马克斯·韦伯提出的多元社会分层理论，以法律秩序、经济秩序和社会秩序的社会分层理论为理论依据（具体详细内容见第四章节），将居民家庭住房拥有状况作为住房分层的划分标准，分别对住房分层从三个维度来进行划分：一是以有房群体和无房群体为基础的住房权利分层，也即是否拥有住房产权家庭分层以及由此导致的居民居住权和城市公共服务享受资格权利的差异化结构分层。二是以居民家庭住房拥有数量多寡梯度差异为表征的住房财富分层，也即不同居民家庭以住房拥有数量状况为表征的住房财富分层。住房财富分层主要分为无住房家庭群体、一套住房家庭群体、两套住房家庭群体和两套以上住房家庭群体。居民家庭住房拥有数量越多，住房的资产财富效应就越大，因此可以用来反映不同家庭基于住房财富效应的差异化导致的住房分层结构。三是以不同居住社区类型差异为表征的住房社区分层，主要分为老旧城区社区、单位房社区、保障房社区、普通商品房社区、高级住宅社区和城中村社区。同时结合国内外学者的做法，根据社区居住单元的拥挤程度、住房社区的安全性以及是否引入现代化社区管理服务将住房社区进一步分为正式社区和非正式社区。正式社区包括普通商品房小区、别墅或高级住宅社区、单一或混合的单位社区；非正式社区包括未经改造的老旧城区、新近由农村社区转变过来的村改居、村居合并或城中村、保障性住房社区。因此，本书通过不同家庭住房社区类型的差异来反映当前社会上形成的以住房社区为基础的居住隔离以及由此带来的住房分层结构。

因此，本书在以往学者的研究基础上，从马克斯·韦伯社会分层理论提出的法律秩序、经济秩序和社会秩序三个维度来对住房分层进行多维度衡量，也即以有房群体与无房群体为基础的住房权利分层；以家庭住房多寡梯度差异为表征的住房财富分层；以不同居住社区类型差异为表征的住房社区分层。本书关于我国住房分层的多维度衡量，有效地克服了目前大多数学者从单一维度衡量住房分层的缺陷和不足，能够更加全面地对我国住房分层进行多维度衡量和表达。尤其是从住房分层的法律秩序、经济秩序和社会秩序等多维度进行综合衡量，这样的做法既能够有助于更加全面地认识和分析住房分层的多重经济社会内涵，更好地反映近年来我国住房分层呈现出的新的变化。同时，也与第四章节关于马克斯·韦伯的多元社会分层理论进行衔接，从而为构建住房分层分析框架，进而从不同的维度全面分析住房分层对民生福祉的影响奠定基础。

4.3　民生福祉的量化衡量

民生福祉的量化衡量是进行实证分析的基础。关于民生福祉的测量一直以来受到不同学科的关注和研究，不同学者从不同的角度进行了研究探索。关于如何测量人的民生福祉水平经历了由简单到复杂的演变过程。从整体来看，学者们主要从两个方向对民生福祉进行衡量，一个研究方向是基于客观民生福祉的衡量，另外一个研究方向是基于主观民生福祉的衡量。学者们根据不同的研究对象和问题，提出不同的测度方法。从整体来看，关于民生福祉的两种测度方法各有优势，需要根据研究对象的差异而进行相宜的选择。

4.3.1　客观幸福指数的衡量

关于客观民生福祉的衡量，学者的研究认为，民生福祉应该从客观民生福祉的角度来进行衡量，这是因为民生福祉是个体的生活机遇状况或者生活质量的多维度综合反映评估。因此，一些学者们认为，客观民生福祉可以通过公民的识字率、婴儿死亡率和预期寿命率等指标对一个地区人们的物质生活质量指数进行评价（D. Morris，1979），以及从健康、教育、经济等维度构建人类发展指数（Sen，1993）和通过剔除人均收入指标后的人类发展指数指标（McGilliyray，2005）来反映幸福指数。同时，不同国家也主要通过构建幸福指数来反映本国或者某一地区的居民生活质量状况。如，欧盟通过不同宏观指标构建"8+1模型"来对国家和地区的生活质量进行评价，加拿大通过幸福指数（Canadian Index of Wellbeing，CIW）来衡量国民客观幸福指数状况，不丹王利用国民幸福指数（Gross National Happiness Index，GNHI）、英国政府通过编制衡量国民福祉计划（Measures of Nationl Well-being，MNW）来对生活质量目标进行评价，从而衡量居民生活质量水平和客观幸福指数，以及联合国推出的通过卫生、教育、环境、寿命、生活质量等方面来衡量人类美好生活发展指数（Better Life Index）。从客观民生福祉的评价对象来看，它主要是用来反映一个国家和地区的宏观居民福祉总体情况，尤其是更多地考虑大量的宏观经济社会发展指标，但是难以有效地对微观个体样本的民生福祉进行有效的反映和衡量。从评价方法上来看，客观幸福指数主要是通过一系列的宏观经济社会发展指标进行权重构建。从目前学者们的研究现状来看，这种指数构建难以有效运用和精确对应到微观个体研究。

因此，客观幸福指数对民生福祉的测量方法大多是用于国家和地区的居民生活质量状况的整体宏观指数研究，但是难以从微观上反映社会个体的民生福祉状况，因而难以用于社会微观样本的实证量化分析。这也使得经济学、社会学和心理学的学者逐渐通过主观民生福祉来衡量居民个体的民生福祉状况。

4.3.2　主观民生福祉的衡量

由于客观民生福祉的衡量难以用于经济学和社会学以及心理学的研究需要，所以另外一个研究方向即主观民生福祉研究开始将民生福祉作为一个人的主观感受来进行衡量。他们认为，对于个体来说，民生福祉的衡量应该对人的主观民生福祉进行测量。因此，经济学、社会学和心理学领域的学者提出了主观民生福祉的概念，并开始进行有关幸福的量化衡量问题研究。经济学与社会学着眼于社会群体的生活质量评价，而心理学则重视个体的主观体验。总体来看，经济学、社会学和心理学的相关学者们认为主观民生福祉是基于个人主观感受的幸福测评方法，是个体根据自定的标准对其生活状况的评估，是一种主观的、整体的概念。以马斯洛为代表的学者关注对民生福祉的测量和评价，他们认为，应当从生理、安全、社交、尊重和自我实现五个层次来对民生福祉进行测量。Andrews 和 Withey（1976）提出，通过描绘人们从哭到笑的各种脸部表情来衡量不同人们的民生福祉高低。Diener（1984）提出，应当将生活满意度作为民生福祉的关键指标，从过去、现在和未来，积极的情绪和消极的情绪以及生活的满意度等角度对民生福祉进行测量。Lyubomirsky，Lepper（1999）则提出采用"主观主义"的方法来测量民生福祉，通过让受访者分别以绝对视角和相对视角来评估自身的民生福祉。国内学者邢占军（2005）则提出使用中国城市居民的主观民生福祉测量量表来综合反映居民的主观民生福祉。之后，关于民生福祉测量的方法开始探索测量工具和测量方法的提升。测量工具主要使用各种结构化的调查问卷，通过电话访问、入户调查以及互联网调查等形式，同时采用多维度的方法来提高调查的精确性。测量主观民生福祉最常用的方法是通过直接询问或者问卷填写以及网络调查如询问被调查者"最近是否感到幸福""近一个月会觉得不快乐吗？"等提问。

　　总体来说，目前国内外关于民生福祉测量的研究结论表明，数值形式的主观民生福祉测量方法可以为我们研究民生福祉提供良好的量化分析手段。正因如此，近年来以数值形式来测量民生福祉的方法被广泛应用于跨国幸福调查研究（黄静、屠梅曾，2009；李涛等，2011；易成栋等，2021）中。本书借鉴以上学者的研究成果，结合数据的可获得性以及研究数据的权威性、可靠性，采用中国人民大学中国调查与数据中心组织实施的中国综合社会调查当中关于城镇居民主观民生福祉的调查作为民生福祉的主要衡量指标。在问卷中，被调查者回答关于"你是否幸福"，并根据回答者的民生福祉程度进行1—5的序数赋值：非常幸福为5、比较幸福为4、说不上幸福不幸福为3、比较不幸福为2、非常不幸福为1，赋值越高则表示民生福祉越高。学者们认为，这样的民生福祉衡量能够直观地体现人们的民生福祉心理状态，是人们在某一时间、地点和生活状况下的直接、整体性的感受，能够较为真实地反映人们的主观民生福祉。

4.4　本章小结

本章是关于关键变量住房、住房分层以及民生福祉的量化衡量。首先是关于住房的多重法律、经济、社会属性特征的分析，对住房的法律权利属性、资产财富投资属性、社会媒介属性以及社会基本民生消费属性等进行了详细的分析。这样的分析为后文关于住房分层从法律、经济、社会秩序进行多维度的衡量以及三个维度如何影响民生福祉奠定了理论分析的起点。在此基础上，本章继续分析了住房分层的不同纬度衡量表达。首先，分析得出目前大部分学者们关于住房分层的研究多从单一维度进行衡量，并指出这一衡量存在的不足。其次，本书基于前部分提出的住房的法律、经济、社会多重属性，结合马克斯·韦伯社会分层理论的法律、经济、社会秩序，从住房权利分层、住房财富分层和住房社区分层三个维度对住房分层进行测度衡量，从而为本书后续关于住房分层影响民生福祉的分析框架的构建奠定基础。最后，本章介绍了民生福祉在客观和主观两个维度上的衡量方法以及相关理论研究方法，从而界定了本书关于民生福祉的衡量是将居民主观民生福祉作为民生福祉进行衡量。本部分关于住房多重属性以及住房分层和民生福祉的量化衡量，为后续关于住房分层对民生福祉影响研究的分析框架的构建以及住房分层对民生福祉的影响机制的分析和理论假说的提出奠定了基础。

本章节的创新之处在于，通过将住房的法律权利、经济、社会属性特征引入住房分层的分析当中，以住房的法律权利、经济、社会多重属性为逻辑分析起点，引出住房分层的多维度解析的必要性，从而为后续关于住房分层多维度分析以及与马克斯·韦伯的多元社会分层理论有效衔接奠定基础，同时也为住房分层从法律秩序、经济秩序和社会秩序三个维度进行综合衡量提供一个基础支撑。在此基础上，本章分析了住房分层的不同纬度的衡量。首先，介绍了国内主要学者关于住房分层的单一维度衡量的研究，其次，论证了当前单一维度衡量住房分层存在的不足。最后，本章提出住房分层应当基于住房的法律、经济、社会属性来进行衡量表达，同时对住房分层的三个维度进行简要的概括。

第5章　住房分层影响民生福祉的
逻辑框架构建与理论模型分析

　　本章主要构建住房分层影响民生福祉的理论分析框架，并通过分析框架来阐述住房分层影响民生福祉的理论模型，进行实证模型设计，为实证研究做好铺垫。首先介绍了本书的理论基础，即马克斯·韦伯多元社会分层理论，并将其作为构建我国住房分层分析框架的理论基础。通过阐述韦伯的多元社会分层理论中的法律秩序、经济秩序和社会秩序的内涵以及它们所对应的核心，接着论证了韦伯的社会分层理论应用于我国住房分层研究的实用性。在此基础上，本章构建了我国住房分层的分析框架，即住房分层的法律、经济和社会秩序的分析框架：住房分层的法律秩序体现为以有房群体与无房群体为基础的住房权利分层；住房分层的经济秩序体现为以家庭住房多寡梯度差异为表征的住房财富分层；住房分层的社会秩序体现为以不同社区类型差异为起点的住房社区分层。同时本书分别阐述了住房权利分层、住房财富分层和住房社区分层的多层次内涵。随后，本章通过构建一个包含住房消费和非住房消费的效用函数，通过理论模型分析论证了在不同约束条件下和住房消费效用最大化条件下，住房消费、多套住房消费以及住房社区类型对民生福祉产生的数理影响关系。最后，本章节通过构建有序 logit 模型和中介效应模型，以及对模型的使用原理和条件及模型的检验过程进行设计和说明，为后续的实证分析作铺垫。

5.1　分析框架：住房分层理论分析框架构建

住房作为一种综合性社会生活资源，是社会分层重要的参考标准（刘祖云，2004）。我国的住房分配改革对中国社会分层的影响最为深刻，在社会分层体系中是一个非常重要的因素（李强，2009）。本部分基于马克斯·韦伯的多元社会分层理论，分别从法律秩序、经济秩序、社会秩序三个维度以及它们所对应的核心内涵"权力、财富和身份对我国住房分层进行解析，从而构建我国住房分层的逻辑分析框架（如图 5-1 所示）。

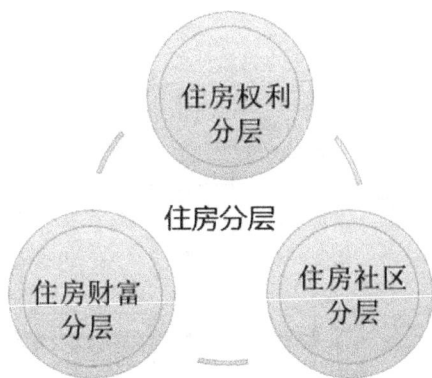

图 5-1　住房分层分析框架构建示意图

具体来说，根据马克斯·韦伯的多元社会分层理论的核心内容，社会分层的分析应当分别从法律秩序、经济秩序、社会秩序三个维度进行。结合我国住房制度改革和住房分配的实际国情，对我国住房分层从法律秩序、经济秩序和社会秩序的权利、财富、身份三个维度进行研究，进而构建住房权利分层、住房财富分层和住房社区分层的中国特色住房分层分析框架。其中，住房权利分层是指以有房群体和无住房群体为基础的住房权利分层；住房财富分层是指以居民家庭住房多寡梯度差异为表征的住房财富分层。住房社区分层是指以居民家庭居住社区类型差异为起点的住房社区分层，主要包括未经改造的老旧城区、单一或混合的单位社区、保障性住房社区、普通商品房小区、新近由农村社区转变过来的村改居、村居合并或城中村、别墅区或高级住宅区。关于我国住房分层的三个维度住房权利分层、住房财富分层和住房社区分层的分析框架，如图5-2所示。

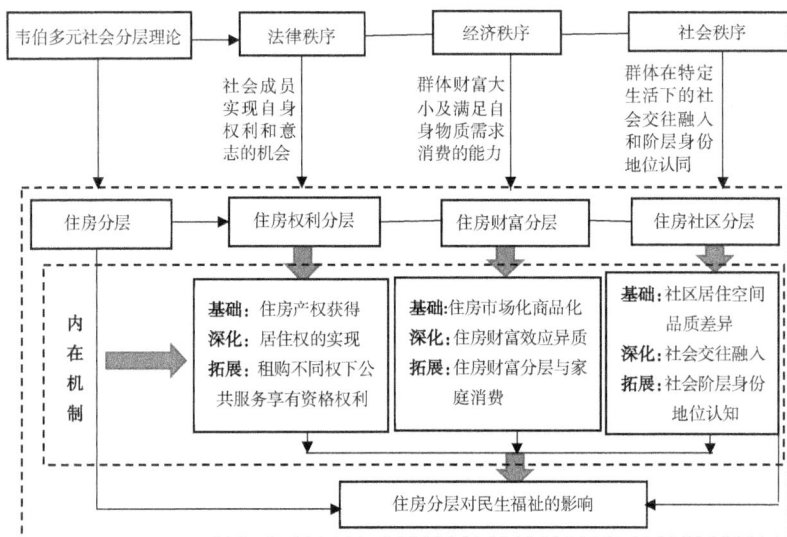

图5-2 住房分层与民生福祉的研究分析框架与内在机制示意图

5.1.1 住房分层的法律秩序：以有房阶层与无房阶层为基础的住房权利分层

综合我国住房制度改革和住房分配的国情实际，特别是城镇化进程中基于家庭是否拥有住房产权所带来的居民城市权利失衡问题愈加突出的现实，本书将住房分层的法律秩序概括为：以有房阶层与无房阶层为基础的住房权利分层。

首先，有房群体与无房群体是衡量住房分层的基础维度。住房产权对于居民家庭而言至关重要，拥有住房产权会给居民家庭的社会机遇带来深远的影响（Dietz，Haurin，2003）。它不仅关系到个体的切身利益，而且关系到代际的教育和生活机会的形成（Conley，2001）。因此，衡量社会中的个体住房状况首先根据是否拥有住房所有权，住房分层应当分为有房阶层与租房阶层（Saunders，2010）。中国住房市场化和商品化改革以后，围绕着住房产权分配改革带来的社会影响是中国社会分配领域分化的重要变化（李强，2009）。城市居民家庭住房分层体现为住房资源在住房产权领域的层级差异（边燕杰等，2005）以及不同阶层间的分化状况（刘祖云、胡蓉，2010）。不同产权类型对居民家庭社会分层的影响存在显著差异，住房产权越完整，住房权利利益的实现就越大（李涛等，2011）。因此，随着国内住房不平等问题越来越突出，住房分层越来越明显，从有无住房产权的角度来看，住房分层主要体现为有房阶层与无房阶层（租房阶层），有房群体和无房群体是衡量住房分层的重要维度（胡蓉，2016；刘斌，2021；李路路、马睿泽，2020），是反映我国住房分层基础的维度。

其次，有房群体与无房群体在马克斯·韦伯多元社会分层理论的法律秩序维度下主要体现为住房权利分层。在马克斯·韦伯多元社会分层理论体系中，法律秩序是衡量社会分层结构的重要维度，其核心是"某人或者某些人在社会行动中不顾该行动其他参与者的反对而实现自身意志的机会"（韦伯，2005）。就我国住房分层而言，国内现有住房制度的最初起点和基础是福利分房制度，这与马克斯·韦伯的法律秩序核心——权力是一致的。住房市场化商品化转轨以后，法律秩序下基于住房产权的居民在住房权利上的差异分化，这也与韦伯的法律秩序的核心内涵是一致的。具体来说，在福利分房时期的制度安排中，住房分配基于单位科层制度而展开。行政级别是住房分配的主要标准（Zhou，Logan，1996），国家借助单位平台并依据权力逻辑向职工分配住房，居民的住房获得取决于居民在科层分配体制中的位置能力（蔡禾、黄建宏，2013）。住房作为一种提供给社会成员的非生产性报酬，反映出了对政治权力和身份的回报，因此形成了一种机遇权力和身份的住房分层秩序（李强、王美琴，2009）。住房市场化改革以后，权力在居民家庭住房产权获得当中仍然扮演着十分重要的正向影响，国家力量及单位在住房货币化改革后并没有完全退出住房市场，那些继续享受单位住房福利照顾的家庭仍然具有住房产权分配优势（蔡禾，2013）。同时，住房市场化以后，法律秩序在住房分层领域的影响进一步扩展并深化为基于住房产权获得的住房权利差异。这主要表现为：由于我国住房制度设计中的租购不同权以及租购两端权责不对等，租赁群体居住权利得不到保障，居民家庭住房产权的获得直接影响到居民居住权的完整实现程度，以及是否拥有或者在多大程度上拥有城市当中的生存和发展权利（陈淑云，2012）。

据此，本书将我国住房分层的法律秩序维度概括为以有房群体和无房群体为基础的住房权利分层，是符合马克斯·韦伯多元社会分层理论的法律秩序分析框架和我国住房分层的现实逻辑的。具体来说，住房权利分层包括三个层面，即居民住房产权获得、居民居住权的实现和居民公共服务享受资格权的差异。住房权利分层的逻辑体现在：住房产权的获得是住房权利分层的基础，而居民家庭住房产权的获得还同时意味着居民居住权利能否更加完全地实现，以及由此导致的居民有无获得城市公共服务享受资格权利和居民享受公共服务资格权利的实现机会差异。因此，居住权利的实现是住房权利分层的深化，而"租购不同权"下的城市公共服务享受资格权利差异是住房权利分层的进一步拓展。

5.1.2　住房分层的经济秩序：以家庭住房多寡梯度差异为表征的住房财富分层

根据马克斯·韦伯多元社会分层理论的经济秩序和它所对应的核心内涵——财富，以及结合我国住房制度改革和住房分配的国情实际，本书将住房分层的经济秩序概括为以家庭住房多寡梯度差异为表征的住房财富分层。

首先，家庭住房多寡梯度差异是衡量住房财富分层的重要维度。住房是居民家庭主要的财富资产。在马克斯·韦伯看来，财产是所有阶级状况的基本范畴（韦伯，2005）。"在这一范畴中，根据赢利的性质，经济秩序下的阶级状况的分化还体现为住宅、土地等不动产所有权数量的差异会带来质的后果。尤其是货币或者能够很容易兑换成货币对象的处置权，都会使有产者的阶级状况发生分化"（韦伯，2005）。我国住房市场化商品化改革使得住房成为特殊的商品和家庭资产。房屋或房产已成为居民重要的财产，住房的出租和出售房屋成为居民经济赢利的重要手段，住房价值、住房获利对住房分层的影响日益突出（李斌，2004）。随着住房在中国城市社会经济当中地位重要性愈加突出，住房开始成为社会分层的重要视角（刘祖云、戴洁，2005），全社会形成了基于财产的住房分层秩序（李强、王美琴，2009）。特别是随着国内房价的快速上涨，有房群体和多套房群体的住房资产财富效应不断上升。房价上涨带动了家庭的住房价值增值，而且这种增值依赖于住房拥有量。房价上涨对有房产的居民来说增加了资产价值和财富效应，但对于低收入者来说，却增加了租房负担，无形中稀释降低了这一群体的收入，加大了贫富差距（陈彦斌等，2011；唐将伟等，2018）。因此，房价上涨加剧了有房和有多套房的社会财富积累，城市住房分层被视为加剧社会贫富差距和不平等的重要因素（刘祖云、毛小平，2012）。中国城市的住房分层结构呈现出以住房数量多少从低到高依次排序的住房分层结构，即无产权房阶层、有产权房阶层和多产权房阶层（刘祖云、毛小平，2012）。因此，以家庭住房多寡的梯度差异为表征的住房财富分层是衡量住房分层的重要维度。

其次，住房财富分层是马克斯·韦伯多元社会分层理论的经济秩序在我国住房分层中的重要体现。在马克斯·韦伯多元社会分层理论体系中，经济秩序的核心内涵是"财富"。它体现为"经济货物与服务的分配和利用"，是"占用货物或收入机会时的经济利益"（韦伯，2005），突出地表现为人们在市场当中满足其物质需求消费的能力或者市场购买力。"一个最基本的经济事实是，许多人为了交换的目的在市场上进行竞争，而物质财产处置权在他们当中进行分配的方式，本身就创造着特定的生存机遇"（韦伯，2005）。"这种分配模式能使有产者垄断机会，把财产进行财富转移"（韦伯，2005），"它会增强他们与无财产者进行价格斗争时的权力"（韦伯，2005）。就我国住房分层而言，我国住房市场化商品化改革以后，住房市场化成为主要的分配方式。随着住房市场化商品化的不断深入，尤其是伴随着房价的不断上涨，住房成为居民家庭的重要财产，住房的资产财富效应被放大，使得全社会形成基于住房财产的住房分层秩序。居民家庭的住房拥量通过影响居民家庭的资产财富积累，对居民家庭的经济地位提升和市场消费能力产生影响（Chen，2006；黄静、屠梅曾，2009）。从住房财富分层影响路径机制来看，住房财富分层通过住房的财富效应、流动性约束、预期效应、不动产抵押效应和替代效应等路径机制（Modigliani，1971；Campbell，Cocco，2007）进而对居民消费产生重要的影响（余华义等，2020）等。同时，住房财富效应在不同人群当中存在一定的差异性（陈峰等，2013），因此，住房财富效应对居民消费的影响也可能存在一定的差异（余华义，2017），不同住房拥有数量的财富效应对消费影响也不同（Bover，2005）。因此，住房财富分层对居民家庭生活消费的影响，与马克斯·韦伯分层秩序当中的经济秩序以及核心内涵"财富"的解释在逻辑上是统一的。

据此，本书将我国住房分层的经济秩序维度概括为基于居民家庭住房多寡的梯度差异所表征的居民住房财富分层，符合马克斯·韦伯多元社会分层理论的经济秩序分析框架和我国住房分层的内在逻辑。具体来说，住房财富分层是指居民家庭住房拥有多寡所产生的住房财富效应的梯度差异，尤其体现为无住房家庭、一套住房刚需家庭、两套住房改善型家庭和两套以上住房家庭。以家庭住房拥有多寡的梯度差异作为表征住房财富分层的内在逻辑在于：无住房家庭代表居民家庭无法分享经济发展带来的住房财富增值；一套刚需住房家庭代表居民家庭拥有住房财富，但是由于住房的刚性需求，这种住房财富的变现能力较低；两套住房家庭代表居民家庭拥有更多的住房财富，但是由于可能存在改善型需求的原因，这种住房财富的变现能力仍然受到约束；两套以上住房家庭则表示住房的财富变现能力才有可能得到较为完全的释放。因此，住房财富分层主要体现为居民家庭以住房拥有数量多寡所带来的住房财富效应的梯度差异。

5.1.3 住房分层的社会秩序：以不同居住社区类型差异为起点的住房社区分层

结合我国住房制度改革和住房分配的国情实际，本书住房分层的社会秩序概括为以不同居住社区类型差异为起点的住房社区分层。

首先，不同住房社区类型差异化分层是衡量住房社区分层的重要维度。社区是人与人之间社会关系的汇聚地，是研究住房分层的重要场域。关于住房社区分层的衡量，住房阶级这一概念的最早提出者雷克斯和摩尔（1967）就在《种族、社区和冲突》中对不同社区类型下的住房分层和社会冲突问题进行了相应的阐述。这一方面是因为不同社区的生活环境对不同人群的居住满意度产生重要的影响（Angrist，1974；Zhang，Fang，2006；Form，2010），尤其是对社区成员的健康状况、教育和生活质量（Bucchianeri，2009）产生直接的影响。另一方面，住房社区还是一定身份群体的社会交往空间，对人们的社区认同、社会关系也产生重要的影响（Martin，1988），因此塑造着居民社会交往参与行为（Kingston，Fries，1994）。特别是由于西方社会的种族歧视和种族隔离的社会现象，住房分层导致空间上居住社区分层，种族歧视带来的人口迁移会在住房市场得到体现（Crowder，2012），从而形成住房的等级差异（Rebhun，2009）和住房社区的分层趋势（Bayer，Mcmillan，2012）。就我国而言，中国的住房社区类型多样性较强，从而也塑造着不同的人群集聚和社会分层（郑杭生，2019），不同学者因此将住房类型的差异作为住房分层的重要衡量维度。李强（2009）将不同社区类型的住房分层分为六个层级的住房群体，他认为不同住房社区带来群体之间文化、生活方式等界限的形成，以及群体内部认同的加强，从而带来城市住房的社区区隔，尤其是居住空间隔离。不同社区类型成为社会贫富差距的重要反映（李超、万海远，2013），住房社区空间环境（高红莉等，2014）、社区环境和社区建设（刘晔等，2019）对居民社会经济融入具有十分重要的意义。我国存在不同的居住空间出现以居住类型差异化为表征的居住隔离（王琪，2015）。因此，以不同住房社区类型差异来表示住房分层成为学界研究住房社区分层和居住隔离的重要衡量维度（李路路、马睿泽，2020）。

其次，住房社区分层是马克斯·韦伯多元社会分层的社会秩序在我国住房分层中的重要体现。社会秩序的核心内涵是社会成员基于特定生活方式和社会交往融入的"社会身份"，而身份主要是指人们在特定交往关系和生活方式的身份群体当中的地位，是个人获得的社会声誉和被尊敬的程度，以及人们在这一阶梯中所处的位置。就我国住房分层而言，国内福利分房体制向住房市场化商品化转轨包含了权力和市场经济双重嵌入的影响，从而使得住房社区成为相同生活方式和身份的人群在城市地理空间的集聚单元。住房在城市空间上的集聚形成的住房社区会作为相对稳定的社会网络关系，促进了富有社会经济和社会地位的符号和相对稳定的生活模式的形成（李强，2009）。社区会集着在生活条件和生活机遇上相似的人群，居住空间上的阶层分化特征既是一种社会分层现象，同时也是一种导致社会阶层化的重要机制（刘精明、李路路，2005）。住房社区分层通过社区的居住空间品质差异，带来社区空间排斥，从而影响着人与人之间的社会生活交往，对于居民的社会融入和社会群体身份高低认知具有十分重要的影响，这与马克斯·韦伯分层秩序当中的社会秩序的核心内涵是一致的。因此可以说，马克斯·韦伯多元社会分层理论中的社会秩序维度与我国住房社区分层的现实逻辑具有内在一致性。

据此，本书将我国住房分层的社会秩序概括为以不同居住社区类型差异为起点的住房社区分层，符合马克斯·韦伯多元社会分层理论的社会秩序分析框架和我国住房分层的社会身份关系的内在逻辑。具体来说，住房社区分层是指基于居民家庭住房所在的社区类型差异而划分的住房社区分层，主要包括未经改造的老旧城区、单一或混合的单位社区、保障性住房社区、普通商品房小区、新近由农村社区转变过来的村改居、村居合并或城中村、别墅区或高级住宅区等层级。同时由于不同社区的公共服务配套设施的空间品质存在巨大的差异，社区当中的居住单元的拥挤程度、住房社区的安全性以及是否引入现代化社区管理服务，将住房社区进一步分为正式社区和非正式社区。正式社区包括普通商品房小区、别墅或高级住宅社区、单一或混合的单位社区；非正式社区包括未经改造的老旧城区、新近由农村社区转变过来的村改居、村居合并或城中村、保障性住房社区。需要指出的是，尽管有学者将保障房社区列入正式社区，但是由于不同时期的保障房建设和管理的差异性，早期的保障性住房建筑密度高，单元居住拥挤程度高、社区人员混杂、安全性较差，大部分未引入专业化市场化的物业服务公司。虽然近年来国家在保障房建设和后期管理能力等方面进行了完善，上述问题得到较大改善，但是本书的住房社区数据主要是2012年以前的调查样本。因此，本书仍然把保障性住房社区也归到非正式社区一类当中。住房社区分层的逻辑体现在：居民住房社区居住空间品质差异是住房社区分层的基础；居民社会融入是住房社区分层的进一步深化；而居民的社会群体身份地位高低认知是住房社区分层的进一步拓展。

5.2　住房分层影响民生福祉的理论模型分析

住房一直是透视社会分层的重要视角，著名社会学家Weber（1987）提出财产阶级的概念，将是否拥有房屋作为社会群体分层的一项重要指标。同时，在都市社会中，住房还是家庭财富地位的象征，也是分享城市公共资源与城市"舒适物"的重要载体（王宁，2010）。住房关系到民生福祉，住房作为一种特殊的商品和社会综合性资源（刘祖云、毛小平，2012），是民生福祉的基础（陈杰等，2019）。而住房作为反映民生福祉的一个主要指标（Frey，Stutzer，2002），被越来越多的学者们逐渐接受并开展大量的研究。本部分将通过理论模型分析论证住房分层对居民福祉的影响，从而论证住房分层的三个维度：以有房群体与无房群体为表征的住房分层对民生福祉的影响；以住房拥有多寡梯度差异为表征的住房分层对民生福祉的影响；以不同住房社区类型差异为表征的住房分层对民生福祉的影响。

根据国内外现有关于住房与民生福祉的相关研究，大部分学者通常选择效用函数来论证住房对民生福祉的影响，民生福祉则可以视为居民家庭住房与效用函数最大化问题的研究。根据国内外现有学者（Flavin，Nakagawa，2008；Han，2010；李涛等，2011）的研究，我们将居民家庭民生福祉当作受到住房消费和其他非耐用品消费影响的效用函数。在生命周期理论框架下，假设居民家庭存在多期的消费，本书只考虑两期，则居民家庭的效用函数表示为：

$$U(T_1, T_2, Q) = V(T_1) + \beta V(T_2) + W(Q) \tag{1}$$

在（1）中，T_1 和 T_2 分别表示第一期和第二期的非耐用品消费，Q 为住房消费的数量，β 为折现系数。居民家庭的效用由住房消费和非住房消费两部分构成，因此，$V(T)$ 代表非耐用品消费的效用函数，$W(Q)$ 则代表住房消费对民生福祉的影响。同时，我们假设无论是住房消费还是非费耐用品消费的效用函数均满足边际效用大于零和边际效用递减规律，则在住房数量外生既定的条件下，居民个体的预算约束方程为：

$$P_1 \times T_1 + P_2 \times \frac{T_2}{1+r} \leqslant Y_1 + \frac{Y_2}{1+r} \tag{2}$$

在公式（2）当中，P_1 和 P_2 均代表非耐用品的价格，Y_1 和 Y_2 分别表示居民个体在第一时期和第二时期的收入状况，r 代表市场当中的利率水平。假设居民个体的收入状况是外生给定的而且不受任何不确定性风险的影响，居民的流动性不受约束，那么居民的效用最大化问题则可以表示为：

$$\max U(T_1, T_2, Q) = V(T_1) + \beta V(T_2) + W(Q) \tag{3}$$

$$\text{s.t. } P_1 \times T_1 + P_2 \times \frac{T_2}{1+r} \leqslant Y_1 + \frac{Y_2}{1+r}$$

由（3）可以得到居民个体效用最大化的一阶条件为：

$$V'_{T1} = \beta(1+r) \frac{P_1}{P_2} V'_{T2} \tag{4}$$

在得到公式（4）的基础上，为了方便分析，在不影响结果的情况下，本书假设 $\beta(1+r)=1$，$P_1=P_2=1$，则可以得到 $V'_{T1}=V'_{T2}$，即 $T_1=T_2=Y_1+\dfrac{Y_2}{1+r}/2$。

在此基础上得到居民个体的总效用函数为：

$$U(T_1, T_2, Q) = (1+\beta) V(Y_2) + W(Q) \tag{5}$$

其中，$Y=Y_1+\dfrac{Y_2}{1+r}$，代表了居民个体消费期的收入净现值。则住房的边际效用为：

$$U'_Q = W'_Q \tag{6}$$

从公式（6）可以得到住房的边际效用为正。

因此，我们可以将其概括为：在居民个体收入状况不受任何不确定性风险和流动性影响的条件下，居民将会选择平滑消费，因此住房消费对民生福祉的影响是正向的。即以有无住房为表征的住房分层会对民生福祉产生重要的影响；与无房家庭相比，拥有住房的家庭的民生福祉会更高。

同时还应当看到，现实社会中资本市场不可能是完备无缺的，个体的收入状况也不可能是完全确定的，因此居民个体的流动性会受到多种因素的影响，这必然对居民消费和民生福祉产生重要的影响。在这种情况下，则视为 $Y_1 < Y_2$，即居民将会在第一期存在向金融部门借贷行为的必要。住房作为家庭重要的抵押担保物，能够有助于缓解收入状况不佳带来的流动性约束问题，从而有助于居民进行生产和生活性消费。因此，假设第一消费期的借贷规模为 B，而且 B 的数额大小会与居民个体住房数量 H 存在正相关，也即 $B'(Q) > 0$。换言之，居民拥有的住房越多，居民个体的抵押担保物价值越大，能从金融机构借到的资金越多，居民的消费约束也就相对较为宽松。由此可以得出居民个体消费效用最大化的方程为：

$$\max U(T_1, T_2, Q) = V(T_1) + \beta V(T_2) + W(Q)$$

$$\text{s.t.} \quad T_1 + \frac{T_2}{1+r} \leqslant Y_1 + \frac{Y_2}{1+r} \tag{7}$$

$$T_1 \leqslant Y_1 + B(Q)$$

在公式（7）的联立方程中，当 $T_1 \leqslant Y_1 + B(Q)$ 的情况下，则居民个体的效用函数为：

$$U(T_1, T_2, Q) = V[Y_1 + B(Q)] + \beta V[Y_2 - (1+r)B(Q)] + W(Q) \tag{8}$$

由公式（8）可以得到居民个体的住房消费的边际效用函数为：

$$U'_Q = V'_{T1} \times B_Q - V'_{T2} \times B'_Q + W'_Q = (V'_{T1} - V'_{T2}) \times B'_Q + W'_Q \tag{9}$$

因此，在居民个体出现流动约束的条件下，即 $T_1 \leqslant T_2$，同时边际消费的效用递减规律使得 $V'_{T1} \geqslant V'_{T2}$。因此，通过公式（6）和公式（9）的对比可以得出市场不完备情形和流动性约束使得住房的边际效用要高于市场完备和不存在流动性约束情景下的住房边际效用。

在公式（9）的基础上通过对居民效用对住房消费的二阶导可以得出：

$$U''_Q = (V'_{T1} - V'_{T2}) \times B''_Q [V''_{T1} - (1+r)V''_{T2}] \times B''_Q + W''_Q \tag{10}$$

从公式（10）中可以得知，住房边际效用主要是由以下三个因素决定的：一是住房消费效用的边际递减程度 W''_Q；二是住房通过降低居民个体的流动性约束的边际变化变量 B''_Q；三是代表居民消费边际效用递减变量的 $V''_{T1} - (1+r)V''_{T2}$。由前文的居民的边际消费效用是递减的这一前提条件可知，$W''_Q < 0$，B''_Q 的值依赖于住房对于降低居民个体流动性约束从而提高民生福祉的边际变化大小。从居民个体家庭的需求实际来看，由于住房的刚性需求的因素，首套住房作为居民个

体家庭最基本的消费需求，其用于金融机构抵押来降低居民流动性约束的价值相对较小；同时，第二套住房尽管比首套住房用于抵押的价值更大，但是对于一部分家庭而言可能是改善性需求，因此用于金融机构抵押变现来降低流动性约束的价值也相对受到一定的限制。只有当个体家庭拥有两套以上的住房，才能真正体现其金融机构抵押担保变现的价值，从而有效降低个体家庭的流动性约束。而 $V''_{T1}-(1+r)V''_{T2}$ 的大小取值则受到居民效用函数的三阶导和市场利率大小的影响，具有一定的不确定性。

因此可以看出，居民个体在受到流动性约束的情况下，住房可以通过发挥其资产抵押的价值属性来缓解资金需求的流动性约束，而且居民个体住房数量越多，可能从金融机构抵押担保的规模越大，对于缓解居民手中资金的流动性约束和消费约束的功能就越强，民生福祉也可能就会越高。即以家庭住房多寡梯度差异为表征的住房财富分层会对民生福祉产生重要的影响。拥有住房越多的居民家庭群体，住房的资产抵押担保功能越强，缓解流动性约束的能力就越强，因此，相对应的家庭群体的民生福祉效应也就越高。

同理，如前所述，我们仍然假设住房消费和非住房消费两种商品消费，民生福祉就是居民个体 i 在住房消费和非住房消费所获得的效用，同时放松假设条件，将前部分所提到的住房作为外生变量转变为将住房作为内生变量。T 代表居民个体 i 的非住房消费，Q 代表居民个体 i 的住房消费，$U_i^*(T, Q)$ 代表消费者 i 的总消费效用，同时 i 面临的收入预算约束方程为 $pT+W_Q \leq y_i$，其中，p 是非耐用品消费的价格，W_Q 是住房消费 Q 的价格，y_i 代表 i 的收入，如前所述，我们仍然假定消费行为为两期消费。在第一期消费阶段，消费者的效用最大化是考虑了住房消费 Q 和非住房消费 T 的 $\tilde{U}_{iQ}$ 条件效用函数：

$$\tilde{U}_{iQ} = \max U_i^*(T1, T2, Q) \tag{11}$$

$$\text{s.t. } pT + w_Q \leqslant Y_1 + \frac{Y_2}{1+r}$$

假设 $\tilde{U}_{iQ} = V\left(p, Y_1 + \frac{Y_2}{1+r} - w_Q, \mu_{ik} + \in_{iQk}\right) \tag{12}$

其中，$V(.)$ 表示消费者的一个凸函数，它的假设是 $\frac{\partial v}{\partial p} < 0$，$\frac{\partial v}{\partial y_i - w_Q} > 0$，是扣除住房支出后的净收入。$\mu_{ik}$ 代表消费者 i 在住房消费 Q 下的效用，k 则代表在某一个特定的居住区位和社区位置地点。$\in_{iQk}$ 表示一种反映不可观测因素的随机成分。随后，我们利用 $V(.)$ 方程的零次齐次性质，进一步将包含了非住房和住房的价格以及个人收入状况的方程（12）变形为：

$$\tilde{U}_{iQ} = V\left(\frac{p}{Y_1 + \frac{Y_2}{1+r}}, \frac{w_Q}{Y_1 + \frac{Y_2}{1+r}}, \mu_{ik} + \in_{iQk}\right) \tag{13}$$

将公式（13）按一阶泰勒公式展开并取点 (x_{i0}, y_{i0}, z_{i0}) 可以得到公式：

$$\tilde{U}_{iQ} = (x_{i0}, \ y_{i0} \ z_{i0}) + \gamma\left(\frac{p}{Y_1 + \frac{Y_2}{1+r}} - x_{i0}\right) + \gamma\left(\frac{w_Q}{Y_1 + \frac{Y_2}{1+r}} - y_{i0}\right)$$

$$+ \varphi(\mu_{ik} - z_{i0}) + \varphi \in_{iQk} \tag{14}$$

由于效用只是一个序数，因此可以通过取值 $\varphi=1$ 来进行常规化简化处理，同时减去 $V(x_{i0}, y_{i0}, z_{i0}) + \gamma(p/y_i - x_{i0}) + \theta(1 - y_{i0}) - z_{i0}$，可以得到：

$$U_{iQ} = -\theta + \frac{w_{Qk}}{Y_1 + \frac{Y_2}{1+r}} + \mu_{ik} + \in_{iQk} \tag{15}$$

其中，U_{iQ} 是效用函数 $\tilde{U}_{iQ}$ 的一个单调线性函数的转化，$\frac{w_{Qk}}{Y_1 + \frac{Y_2}{1+r}}$

是指住房消费 Q 与收入占比，μ_{ik} 代表了消费者 i 在住房消费选择 Q 情况下的效用，它包含了住房的一系列特征，如住房的房间数、住房的质量情况、住房区位以及不同社区下公共空间设施的宜居性品质特征等因素，消费者个人会基于公式（15）的效用最大化来选择消费选择组合。对于个体消费者而言，μ_{ik} 的增加带来了住房的支付费用 w_{QK} 的上升，减少了居民的净收入。这说明对于一个人来说，居住在更好的房子里不一定就具有更高的民生福祉效应。但是，由于地区的差异，两个收入和家庭相似的人却可能会选择不同的住房类型，这是因为 μ_{ik} 和 w_{QK} 可能因为不同的地区而产生一定的差异。所以，从社区类型差异的角度来看，不同的社区类型可能由于住房本身特征和住房周边空间公共环境设施品质的差异而对居民的民生福祉效应产生差异的影响。因此，以不同住房社区类型为表征的住房社区分层会对民生福祉产生差异化的影响。

5.3 实证模型的设计

5.3.1 有序 logit 模型的构建

在住房分层对民生福祉的影响关系研究中，由于本书对于民生福祉变量的选择是通过序数 1、2、3、4、5 来表示，所以选择有序 Logit 计量模型进行估计。关于有序 Logit 模型要求变量满足正态分布或等方差，采用 Logistic 函数为：

$$P(y=j \mid x_i) = \frac{1}{1+\exp[-(\alpha+\beta x_i)]}$$

其中，y 代表民生福祉；民生福祉的赋值为 j，j=1，2，3，4，5；x_i 表示影响民生福祉的第 i 个因素。故建立如下累积 Logit 计量模型：

$$\text{Logit}\,(P_j) = \ln\left[\frac{P(y \leqslant j)}{P(y \geqslant j+1)}\right] - \alpha_j + \beta_x$$

其中，P_j 代表居民认为处于民生福祉水平的概率分布，P_j=P（y=j），j=1，2，3，4，5；α_i 为模型的截距项，β 为各个影响因素的系数。某一特定值的发生概率就可以通过以下等式得到，其中参数 β 通常采用极大似然法来进行估计。

$$P\,(y \leqslant j \mid x) = \frac{\exp[-(\alpha j + \beta x)]}{1 + \exp[-(\alpha j + \beta x)]}$$

5.3.2 中介效应模型构建

本书关于住房分层对民生福祉影响的研究在通过构建有序 Logit 模型的基础上，加入中介变量，通过中介效应模型来分析变量的中介效应，以识别住房分层对民生福祉的直接效应和中介效应。本书在模型构建上借鉴已有学者的做法，首先构建住房分层与民生福祉的关系模型（1）：

$$happy_i = \partial_0 + \partial_1 house_i + \partial_i X_i + \varepsilon_i \tag{1}$$

其中，$happy_i$ 代表民生福祉，$house_i$ 代表住房分层变量，X_i 代表一组影响民生福祉的控制变量，包括性别、年龄、身高、收入等因素。本书通过模型（1）来检验住房分层对民生福祉的直接效应。在模型（1）的基础上，本书为了识别住房分层是否通过某个中介变量进而影响民生福祉产生中介效应，需要在模型（1）的基础上继续构建模型（2）和模型（3），进而通过联立方程来验证中介变量在住房分层影响民生福祉当中的中介效应。

$$Mediator_i=\beta_0+\beta_1 house_i+\beta_i X_i+\varepsilon_i \qquad\qquad（2）$$

$$happy_i=\gamma_0+\gamma_1 house_i+\gamma_2 Mediator_i+\gamma_i X_i+\varepsilon_i \qquad（3）$$

在方程（1）、（2）、（3）中，∂、β、γ 为主要变量的系数，三个方程构造的中介效应模型逻辑如下图模型所示。根据中介效应模型的含义，在上式中，方程（1）的系数 ∂_1 是住房分层对民生福祉的总效应；方程（2）的系数 β_1 是住房分层对中介变量的效应；方程（3）中的 γ_1 是控制了中介变量对民生福祉的影响后，住房分层对民生福祉的影响的直接效应，γ_2 是控制了住房对民生福祉的影响后，中介变量对民生福祉的影响效应。中介变量的中介效应等于 $\beta_1 \times \gamma_2$（如图5-3所示）。

总效应 ∂_1= 直接效应（γ_1）+ 间接效应（$\beta_1 \times \gamma_2$）

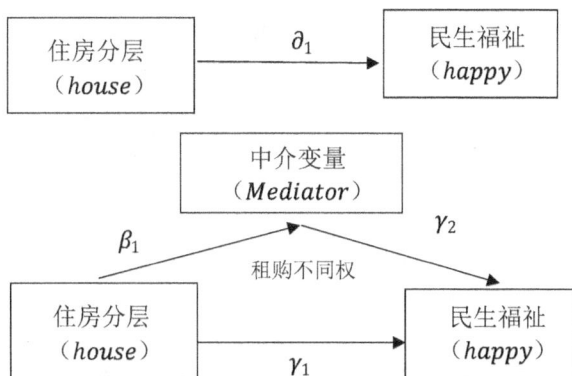

图5-3　中介效应模型逻辑示意图

中介效应模型的检验主要包含以下三个步骤：

首先，检验方程（1）中住房分层与民生福祉的系数 γ_1 是否显著，如果显著，则表明住房对民生福祉存在影响。

其次，依次检验方程（2）当中的系数 β_1 和方程（3）的系数 γ_2，如果均显著，则意味着中介变量对民生福祉的影响机制中存在中介效应；否则用 Bootstrap 方法检验方程（2）和方程（3）中 $\beta_1 \times \gamma_2$ 系数乘积是否显著，如果显著则表明中介变量对民生福祉的影响机制中存在中介效应。

最后，对方程（3）中的系数 γ_1 进行检验，如果检验效果显著，表明住房分层对民生福祉有直接影响；如果检验效果不显著，表明住房分层对民生福祉不存在直接影响。同时，比较 $\beta_1 \times \gamma_2$ 和 γ_1 的符号，如果同号，则中介效应占总效应的比例为（$\beta_1 \times \gamma_2$）/∂_1。

中介效应模型检验过程步骤示意图如图 5-4 所示。

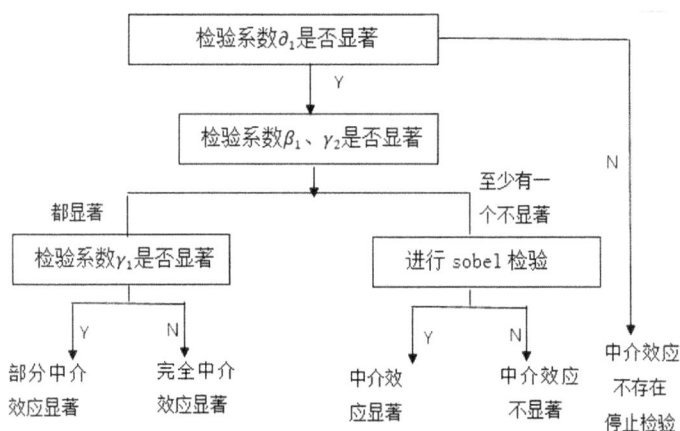

图 5-4 中介效应模型的检验过程步骤示意图

5.4 本章小结

本部分主要是关于住房分层影响民生福祉的理论分析框架的构建和理论模型分析以及实证模型构建研究设计。首先，介绍了马克

斯·韦伯的多元社会分层理论，主要阐述了马克斯·韦伯多元社会分
层理论中的法律秩序、经济秩序和社会秩序的内涵以及它们所对应的
权力、财富和身份的内涵。在此基础上，分析了马克斯·韦伯多元社
会分层理论对于我国住房分层研究的适用性，为本书关于住房分层的
分析框架构建奠定理论基础。其次，基于法律秩序、经济秩序和社会
秩序所对应的权利、财富和身份，结合我国国情和住房制度改革的实
际，构建了我国住房分层的住房权利分层、住房财富分层和住房社区
分层的分析框架。本章节提出，我国住房的法律秩序体现为以有房与
无房群体为基础的住房权利分层；我国住房分层的经济秩序体现为以
家庭住房多寡梯度差异为表征的住房财富分层；我国住房分层的社会
秩序体现为以不同社区类型差异为起点的住房社区分层。然后，本章
节分别阐述了住房权利分层、住房财富分层和住房社区分层的主要内
涵意义，以此来论证这一分析框架的合理性和有效性。随后，本章节
进一步通过构建包含住房消费和非住房消费的效用函数，将民生福祉
作为效用最大化的函数，通过理论模型分析论证了住房消费效用最大
化条件下，住房消费、多套住房消费以及住房社区类型对民生福祉产
生的重要影响。最后，本章通过构建有序 logit 模型、中介效应模型以
及对模型的使用原理、条件和模型的检验过程进行了设计和说明。

第6章 住房权利分层影响民生福祉的实证分析

　　本章将基于马克斯·韦伯多元社会分层的法律秩序及其核心内涵权利，从住房分层的法律秩序住房权利分层维度来论证住房分层对民生福祉的影响。本章将通过引言和文献研究相结合的方式，交代本章节的研究背景和研究意义，指出当前研究存在的不足，从而提出待研究命题和要解决的问题，进而为后续关于住房产权分层对民生福祉影响的研究作铺垫。然后对住房权利分层影响民生福祉的理论机制进行分析，提出研究假说。接着将通过构建住房权利分层与民生福祉的实证模型，利用CGSS微观调查数据进行实证分析。本部分将首先论证有无住房产权对民生福祉的影响，接着再论证住房居住属性对民生福祉的影响以及住房产权对住房居住属性的调节效应。在此基础上将对不同年龄群体和不同时间阶段住房产权分层对民生福祉的影响进行实证分析，以对模型的敏感性进行检验。其次将通过倾向得分匹配法和工具变量法进行模型的稳健性检验，以克服测量误差、估计偏误和内生性问题。最后本部分将从租购不同权视角下分析住房权利分层对民生福祉的影响，以验证租购不同权背景下住房权利分层通过影响居民家庭公共服务资格权利进而对民生福祉产生直接效应和中介效应影响，并最终验证前文提出的研究假说，得出研究结论。

6.1　引言与问题的提出

住房关系到民生福祉，保障人民群众的居住权利，维护人民群众的居住利益一直是党和国家住房制度改革的重要目标。我国住房制度改革经历了从福利制度分房向市场化商品化的不断转变，大部分城镇居民家庭从无房到有房实现了巨大的质的飞跃。根据权威统计数据显示，中国城镇住房的自有率高达 96%，远高于西方发达国家 60% 左右的住房自有率[①]，"中国人为何爱买房"一直是全社会热议的话题。长期以来，中国城市化中"租购不同权"的制度安排以及租赁市场混乱使得租房群体的城市公共服务享受资格权利被限制，租房者居住权难以保障，租房群体的权利被排在住房产权大门之外。获得住房产权是居民家庭在城市安居乐业和生活幸福的最重要的基础，更是成为城镇化过程中绝大多数居民家庭追逐的首要目标。伴随着住房分配制度改革的不断深入，城镇化的快速发展和房价的不断高涨使得中国城市住房体制转变，形成以"住房权利"为基础的社会分层秩序（李斌、王凯，2010）。在此背景下，不同居民家庭在租购两端面临选择困境，"购房难"和"租房难"成为中国城市发展进程中影响民生福祉的重要焦点问题。尤其是随着近年来全国范围内特别是大城市房价的不断

---

① 中国人民银行调查统计司.中国城镇居民家庭资产负债调查 [J].上海商业，2020（05）：5.

高涨，使得以"住房权利"为基础的社会分层秩序不断得到强化，给居民家庭乃至整个社会带来了深远的影响。党中央高度重视住房对民生福祉的重要作用，多次重申房子是用来住的、不是用来炒的定位，租购并举，促进房地产市场平稳健康发展。在此背景下，围绕居民家庭住房获得与居民幸福的研究成为学术界高度关注的研究领域。

从目前的研究领域来看，关于住房与民生福祉的研究大多从自有住房、住房面积、房价以及政府保障性住房对民生福祉的影响等视角展开。关于我国住房分层的研究主要包括对我国住房分层现状的研究如边燕杰等（2005）、魏立华等（2006）、李斌等（2010）、刘祖云等（2010）对我国城市住房分层状况进行了不同角度的概括分析，以及对住房分层的形成机制（周雪光，2015；刘欣，2005；边燕杰、刘勇利，2005；胡蓉，2012；Wei Chen，2019；毛小平，2014；吴开泽，2017；李春玲、范一鸣，2020）的研究。从住房与民生福祉关系的研究结论来看，不同学者得到的结论也不相同甚至相反。同时，现有研究中较少从社会分层的视角来研究住房权利分层对民生福祉影响，更鲜有看到学者进一步从租购不同权的视角下实证分析住房通过影响居民城市公共服务享受进而对民生福祉产生的中介效应影响。在当前我国城镇化快速推进中流动人口市民化不断加快和房价高涨的背景下，全社会居民家庭为了快速融入城市中来并分享城市优质的公共服务，开始在住房市场进行激烈的竞争，其带来最基本的住房分配秩序格局是什么？它是否提升了居民家庭的民生福祉？其背后的影响机制是什么？这种机制的存在反映了我国城镇化进程中的突出问题是什么？这些都是以往研究所关注的不足之处，也是本书所要回答和论证的重点。本章基于第四章所构建的住房分层影响民生福祉的分析框架，从住房权利分层的视角进行分析，通过利用中国人民大学中国调查与数据中心实施的中国综合社会调查数据（CGSS）2003—2017 年的混合截面数据[①]进行实证分析，得出研究结论，以期为未来我国住房制度改革和提升民生福祉提供一定的政策借鉴意义。

　　本章的研究贡献在于基于马克斯·韦伯的多元社会分层理论，从法律秩序的权利维度来分析住房权利分层对民生福祉的影响。本书回答了在当前城镇化和住房市场化商品化不断推进的背景下，房价的过高过快上涨对全社会居民家庭住房分配秩序格局的影响。首先是基于住房权利的分层，即有房和无房在住房权利上的差异化分层。在此基础上论证了这种住房分层对民生福祉的影响，从住房权利分层下的住房产权获得、居住权利的实现尤其是租购不同权背景下的城市公共服务享受资格权利差异三种影响机制进行实证分析。居民家庭对住房产权获得的追求，在一定程度上是城市生存发展权利的追逐。这些影响及其背后的机制的存在一方面突出地反映了我国城镇化过程中住房市场在租购两端发展失衡和住房长效机制建设存在一定的短板和缺陷。而另一方面也在深层次上反映了我国城镇化进程中公共服务供给不平衡不充分问题对民生福祉的影响。

6.2　住房权利分层对民生福祉的影响机制与研究假说

　　从马克斯·韦伯社会分层理论中的法律秩序角度来看，住房首先

[①] 本部分的样本包括中国人民大学社会综合调查数据（CGSS）2003、2005、2006、2008、2010、2011、2012、2013、2015、2017 等年份的数据。

是以所有权为核心的多种权利的法律权利综合体。中国住房商品化改革对居民家庭的住房分配的最直接影响就是住房产权获得的变化，从而使得中国城市住房体制转变，形成了以"住房权利"为基础的社会分层秩序（李斌等，2010）。住房权利分层对民生福祉的影响在于以下三种逻辑机制，如图 6-1 所示。

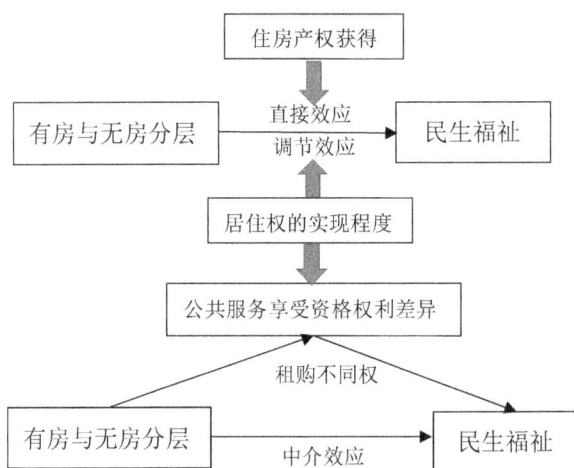

图 6-1　住房权利分层影响民生福祉的路径机制示意图

6.2.1　住房权利分层影响民生福祉的基础：住房产权获得

住房权利分层对民生福祉的影响首先表现在住房产权获得对于居民家庭来说意味着拥有一系列丰富的住房权利，这些权利的实现对民生福祉产生重要的影响。从住房产权的激励作用来看，住房具有法律属性，住房是法律确权的不动产，是一系列产权和权利的综合体（谢经荣等，2002；丰雷，2008）。这种权利的综合体表现为住房作为居民家庭主要的不动产物权，是所有权、使用权等多种权利的复合，涉及公民对住房的占有、使用、收益、处分等法律规定的权利安排（谢经荣等，2002）。居民有无住房产权意味着住房权利的获得以及权利的实现程度上存在巨大的差别，这种差别一方面来自产权对个体的激励，即所谓"有恒产者有恒心"。另一方面，从住房产权获得带来的资产占有、使用、收益、处分、抵押等权利以及由此带来的家庭流动性约束来看，住房产权拥有也意味着居民拥有财产抵押处置权利，住房产权的获得使得住房作为家庭重要的资产，具有较强的抵押品属性，是最重要的资产抵押品（Fernandez-Villaverde，2011；Bajari et al.，2010；Gan，2010），能够解决居民家庭的流动性问题。因此，无论是从住房产权的激励机制还是住房抵押品的预防流动性约束，拥有住房产权的家庭都比无住房产权家庭拥有更高的民生福祉。住房产权获得对民生福祉的直接效应影响逻辑如图 6-2 所示。

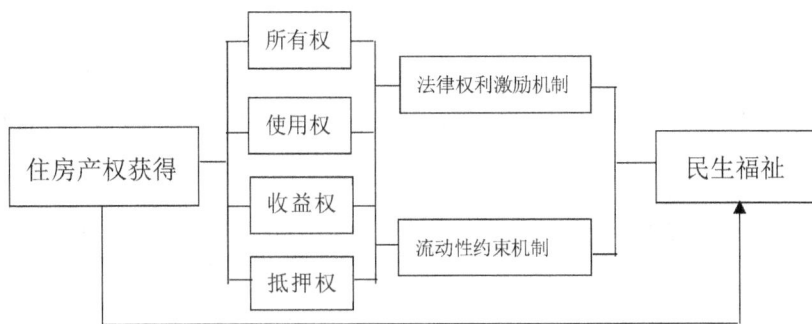

图 6-2　住房产权获得对民生福祉的直接效应影响示意图

6.2.2　住房权利分层影响民生福祉的深化：居住权的实现

住房产权获得除了住房产权对居民家庭民生福祉的直接效应影响，还具有促进居民居住权更加完整实现的间接效应影响。从住房的基本居住消费属性来看，住房是居民家庭最基本的必须消费品，是居民家庭安居乐业、生活幸福的重要物质基础，构成了民生福祉的基础（陈杰等，2019）。住房需求是人们最基础和最必要的需求之一，而居住消费又是人们生活条件的基本衡量标准（魏杰、王韧，2007）和基本权利（邓大伟、诸大建，2009）。因此，居住权是宪法和法律赋予公民最基本的权利之一，是一项基本的人权。住房作为"家"的物质载体，能满足人们最基本的居住需求，为人们提供"挡风遮雨"的场所，具有为居民家庭提供藏身避害之所的特征，为居民家庭生活和工作带来基本的稳定与安全保障，提高居民的身体健康和心理健康，从而为人们带来民生福祉，享受住房居住服务权益带来的民生福祉。与其他生活消费品相比，住房的基本消费品属性体现在它的体积大、价值高、耐久性强、庇护性强等特性，其他基本生活消费都无法与住房相提并论，因此是居民赖以生存和栖息的最重要的"物质实体"（李强，2009）。因此，相对于住房的其他属性而言，住房的居住属性对民生福祉的影响更显著（张翔等，2015）。同时还应当看到，在我国现实条件下，有房群体和无房群体在住房基本居住消费满足实现程度上存在一定的差异。这突出地表现在我国当前租购发展失衡的背景下，租赁市场当中的租赁双方权利义务不对等，租金恶意上涨和房东随意赶人、克扣押金、中介欺诈等现象严重损害租房者的基本权利（郑思齐、刘洪玉，2004；黄燕芬等，2017），加重了租房群体的不安全感，降低了租房群体居住消费的民生福祉。因此，与无房阶层相比，拥有住房产权群体在住房基本消费功能当中能够获得更大的程度满足，居住权更能够得到保障，居民家庭因此拥有比租房群体更多的安全感和民生福祉。住房产权获得对住房基本居住属性影响民生福祉存在显著的正向调节效应影响，其逻辑如图6-3所示。

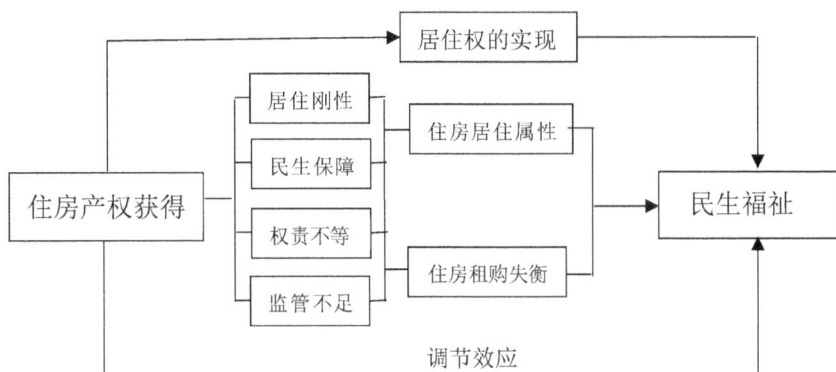

图6-3 居住权的实现对民生福祉的调节效应影响示意图

6.2.3 住房权利分层影响民生福祉的进一步拓展：租购不同权下城市公共服务享受资格权利差异

住房权利分层对民生福祉的影响还表现在，是否拥有住房产权关系到居民家庭在城市当中的公共服务的享受资格权利，从而对居民家庭民生福祉产生重要的中介效应影响。在我国"租购不同权"的制度安排使得城市住房产权与公共服务享受的资格权利挂钩，有无住房产权意味着能否获得城市公共服务的权利以及多大程度上获得城市公共服务权利。公共资源短缺和不均衡导致居民对城市公共服务尤其是优质公共服务展开激烈的竞争，这就催生了租购不同权的制度安排。住房扮演着社会中间媒介属性[1]，有无住房意味着居民能否享受城市的医疗教育公共服务资源的资格权利。租购不同权使得这种住房权利延伸至对城市公共服务资源的享受权利，住房在居民家庭能否享受城市

---

[1] 注：中间媒介属性，是指把住房作为获得教育机会、医疗资源和工作机会等的中间媒介桥梁。参见余南平：《欧洲社会模式——以欧洲住房政策和住房市场为视角》，上海：华东师范大学出版社，2009年，第114页。

公共服务资源中充当着中间媒介的角色。居民家庭有无住房以及住房的区位意味着居民家庭是否具有享受附属在住房所有权之上的城市教育、医疗等方面资格权利，进而影响居民家庭的民生福祉（唐将伟等，2019）。住房作为中介产品，可以成为达到其他目标的一个有效途径，如获得就业机会、享受周边卫生保健设施、为孩子提供好的学校教育（陈淑云，2012；黄燕芬等，2017）。人们选择在一个城市买房主要是为了享受该城市的公共服务（夏怡然、陆铭，2015）。尤其是我国基础教育资源与住房租买形式挂钩的制度安排导致居民为了获取优质的教育资源而争相购买高价学区房（胡婉旸、郑思齐，2014）。因此，在当前城市公共资源分配规则下，居民家庭没有住房则意味着难以享受城市就业、教育、医疗、社会保障等方面的权利，形成明显的住房权利排斥。围绕着居民是否拥有住房而衍生出居民能否享受住房周边的城市公共服务设施和公共资源的权利，无疑对居民的民生福祉产生重要的影响。租购不同权下住房产权获得、公共服务享受资格权利与民生福祉的中介效应影响逻辑如图 6-4 所示。

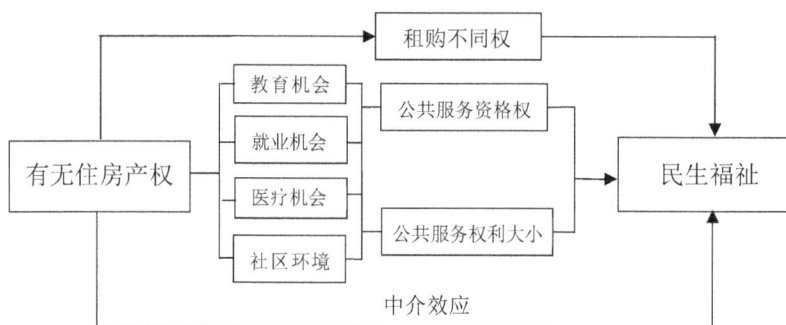

图 6-4　住房产权获得、公共服务享受资格权利差异与民生福祉的
中介效应影响示意图

6.2.4　研究假说

基于以上关于住房权利分层对民生福祉的影响机制的理论分析，本部分提出以下待验证的研究假说命题：

假说1：对于有房群体和无房群体而言，居民家庭住房产权获得将会对居民家庭产生法律产权激励。与无房者相比，拥有住房产权能够给居民家庭带来更大的产权和权利激励，从而对民生福祉产生显著的正向影响。

假说2：由于我国对租赁群体的居住权保障不完善，居民家庭有无住房意味着居住权能否得到有效保障，从而意味着住房的基本民生消费属性能否更大程度地实现。与无房者相比，拥有住房能够确保居住权更完全地实现，从而充分保障居民家庭基本民生住房消费需求的全面实现，最终对民生福祉产生显著的正向调节效应影响。

假说3：在当前租购不同权的特殊背景下，住房成为联结居民家庭与城市公共物品分配的中间媒介。有无住房意味着城市居民是否享有以及多大程度上享有城市公共服务的资格权利差异，从而通过影响居民城市公共服务分配的满意度对民生福祉产生显著的中介效应影响。

6.3　模型构建、变量选择与数据说明

6.3.1　模型构建

关于住房权利分层对民生福祉影响的研究主要通过中介效应模型

来分析，以识别住房对民生福祉的直接效应和中介效应。本书在模型构建上借鉴温忠麟等（2004，2014），Baron，Kenny（1986），Alesina等（2004），潘彬、金雯雯（2017）等学者的做法首先构建住房权利分层与民生福祉的关系模型（1）：

$$happy_i=\partial_0+\partial_1 house_i+\partial_i X_i+\varepsilon_i \qquad (1)$$

其中，$happy_i$ 代表民生福祉，$house_i$ 代表居民家庭有无获得住房产权在住房权利分层上的差异，X_i 代表一组影响民生福祉的控制变量，包括性别、年龄、身高、收入等因素。本书通过模型（1）来检验住房居住属性和住房产权获得对民生福祉的直接效应。在模型（1）的基础上，本书为了识别住房权利分层是否通过租购不同权下居民公共服务分配满意度对民生福祉产生影响的中介效应，进一步构建模型（2）和模型（3），与模型（1）共同组成联立方程，来验证住房产权获得对民生福祉的中介效应。

$$consume_i=\beta_0+\beta_1 house_i+\beta_i X_i+\varepsilon_i \qquad (2)$$

$$happy_i=\gamma_0+\gamma_1 house_i+\gamma_2 publics_i+\gamma_i X_i+\varepsilon_i \qquad (3)$$

在方程（1）、方程（2）、方程（3）中，∂、β、γ 为主要变量的系数，三个方程构造的中介效应模型逻辑如图 6-5 所示。根据中介效应模型的含义，在上式中，方程（1）的系数 ∂_1 是住房权利分层变量对民生福祉的总效应；方程（2）的系数 β_1 是住房权利分层变量对公共服务满意度的效应；方程（3）中的 γ_1 是控制了公共服务满意度对民生福祉的影响后，住房权利分层变量对民生福祉的影响的直接效应，γ_2 是控制了住房权利分层变量对民生福祉的影响后，公共服务满意度对民生福祉的影响效应。公共服务满意度的中介效应等于 $\beta_1* \gamma_2$。

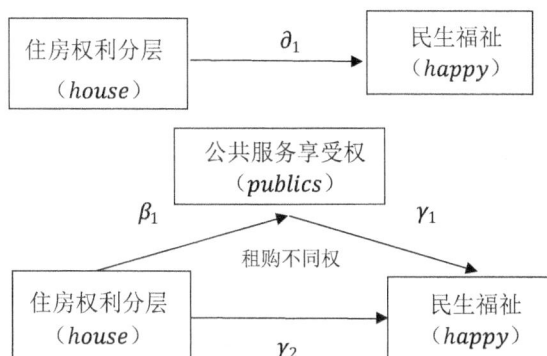

图6-5　住房权利分层与民生福祉的模型构建示意图

6.3.2　数据来源、变量选择与说明

本书在实证分析中使用的数据为中国人民大学中国调查与数据中心执行的中国综合社会调查（Chinese General Social Survey，CGSS）权威数据。样本涉及我国 28 个省（区、市）。整体来看，样本涉及范围广，具有较强的代表性。各指标的选择和解释说明如表 6-1 所示。

表6-1　模型指标的选择和解释说明

解释变量名称	变量说明	代表含义
您家有无房产	有 =1，无 =0	用来表示有房阶层和无房阶层为表征的住房权利差异化分层
是否幸福	从非常幸福到非常不幸福为：5 → 1	表示民生福祉程度，序数越大，则民生福祉越强
建筑时间	本书根据样本的实际情况进行序数转换，分为1、2、3、4、5、6 六个时间档位	本书根据样本的实际情况进行序数转换，建筑时间越久，序数越小，表示住房越破旧，居住体验越差；建筑时间越近，序数越大，表明住房越新
室内面积	由居民根据住房的室内实际使用面积填写	用室内使用面积大小表示住房的室内宽敞舒适度对民生福祉的影响
卧室数	由居民根据住房的室内卧室数量进行填写	用室内卧室数量表示住房的实用性大小对民生福祉的影响
客厅数	由居民根据住房的室内卧室数量进行填写	用室内客厅数来表示住房的多功能性对民生福祉的影响

续表

解释变量名称	变量说明	代表含义
是否有卫生间	由居民根据住房是否有卫生间进行填写	用室内是否有卫生间来表示住房的居住生活的方便性对民生福祉的影响
社区类型	由被调查者填写数字1、2、3、4等编号代表不同社区类型	未经改造的老旧城区（街坊型社区）为1；单一或混合的单位社区为2；保障性住房社区为3；普通商品房社区为4；别墅区或高级住宅区为5；新近由农村社区转变过来的城市社区（城中村、村改居，村居合并）为6
性别	男 =1，女 =0	用来衡量民生福祉的性别差异
收入	由居民真实收入数据作取对数处理	用来衡量收入对民生福祉的影响
年龄	由调查年份与出生年份作差计算而来，然后作取对数处理	用来衡量年龄对民生福祉认知的影响
年龄平方项	由年龄的乘方计算而来	用来衡量年龄对民生福祉认知的非线性关系
婚姻状况	结婚为1，其他为0	用来衡量婚姻状况对民生福祉认知的影响
健康状况	非常健康到非常不健康为：5 → 1	序数越大，则表示身体越健康，进而反映身体健康状况对民生福祉认知的影响
教育程度	文盲为0，小学为1，初中为2，高中为3，中专、技校为4，大学、大本为5，硕士及以上为6	序数越大，受教育程度越高，用来反映人力资本对民生福祉认知的影响
政府教育服务满意度	由被调查者对政府教育满意度打分，满分为100分	用来反映居民对所享受到的教育服务的满意度高低
政府公共服务满意度	由被调查者对政府公共服务满意度打分，满分为100分	用来反映居民对所享受到的公共服务的满意度高低
工作单位类型	国有为1，非国有为0	用来反映工作单位性质是否在体制内对民生福祉的影响

6.3.3 变量的描述性统计

在实证分析之前，本书首先对各个变量进行统计性描述分析，表6-2是对住房权利分层对民生福祉影响的研究中所涉及的各个变量的描述性统计，分别汇报了变量的指标观测值、平均值、标准误以及最大值最小值，本书的实证分析对数量额度较大的数据进行取自然对数处理。同时，从统计数据来看，拥有住房产权群体样本占比 68.43%，无房群体样本占比 31.57%，有房群体和无房群体的居民家庭阶层民生福祉存在明显的差异，如图 6-6 和图 6-7 所示。

表6-2 各个指标变量的统计性描述分析

变量名称	观测值	平均值	标准误	最小值	最大值
民生福祉	58144	3.6981	0.8456	1	5
社区类型	37440	2.9706	1.6697	1	6
是否有住房产权	58164	0.6842	0.4648	0	1
住房室内面积	53402	4.2100	0.6967	0	8.5754
房屋年代	12934	4.03371	0.9071	1	5
房间数量	20871	2.2644	1.2436	0	20
客厅数量	20514	0.9763	0.6501	0	16
是否有卫生间	58200	0.9412	0.2351	0	1
工作单位性质	58200	0.5037	0.4999	0	1
收入	47007	9.7229	1.0934	2.995	16.1181
性别	58200	0.4740	0.4993	0	1
年龄	58197	46.0319	16.1524	15	103
婚姻	58199	0.7769	0.4162	0	1
教育程度	58159	2.6053	1.3653	0	6
健康状况	52281	3.5164	1.2761	1	6
政府公共服务满意度	15564	4.1696	0.3319	0	4.6051
政府教育服务满意度	15271	4.1209	0.3040	0	4.6051
年龄	58197	3.7627	0.3752	2.7080	4.6347
年龄平方项	58197	14.2992	2.7735	7.3335	21.4807

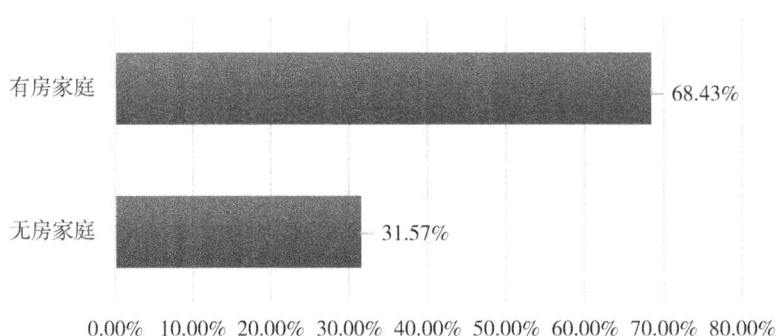

图 6-6　有房阶层和无房阶层家庭样本占比统计分析

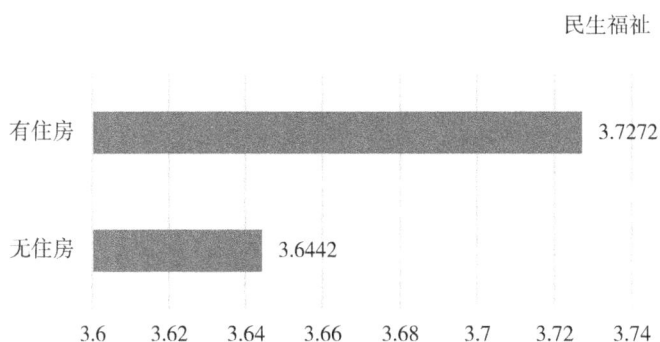

图 6-7　有房群体和无房群体的民生福祉平均水平统计概况

6.4　实证检验

本部分基于马克斯·韦伯多元社会分层的法律秩序及其核心内涵对我国住房权利分层对民生福祉的影响进行了实证分析。首先，实证分析以拥有住房产权和无住房产权阶层为表征的住房权利分层对民生福祉的影响。其次，住房居住权对民生福祉的正向调节效应的实证分析。接着通过模型的敏感性分析，分别从不同年龄群体和不同时间阶段和东、中、西区域差异的视角进行居民家庭样本的实证分析，同样得出了较为一致的结论。同时为了确保模型估计结果的稳健性，本书通过倾向得分匹配法和工具变量的内生性问题检验，进一步验证了估计结果的可靠性。最后，本书基于马克斯·韦伯的多元社会分层的法律秩序及其核心内涵进一步从我国特殊国情下的租购不同权视角，进一步分析了住房权利分层通过影响居民城市公共服务资格权利进而影响民生福祉这一重要机制。

6.4.1 住房权利分层对居民家庭民生福祉影响的直接效应检验

从表 6-3 关于有无住房产权为表征的住房权利分层对居民家庭民生福祉的影响实证结果来看，模型（1）、模型（2）、模型（3）、模型（4）、模型（5）分别表示未加入控制变量的模型估计、加入控制变量的模型估计、控制了时间固定效应的模型、控制了省份固定效应的模型估计以及控制时间和省份固定效应与社区异质性的模型估计，本书仅对模型（5）进行结果汇报和分析。从估计结果来看，无论是在以上任何模型估计结果下，在控制民生福祉的其他影响情况下，拥有住房产权群体的民生福祉要高于无房群体的民生福祉 0.202 个单位，且显著水平为 1%。这验证了本书的研究假说 1 的正确性。

在影响民生福祉的其他控制变量当中，收入对民生福祉具有十分显著的正向影响，这主要是由于收入增加能够满足居民各种物质消费和精神消费需求，提升民生福祉。工作单位性质对民生福祉幸福在 1% 的显著水平上呈显著的正向影响关系，这可能是由于不同工作单位的竞争机制和压力使得不同工作单位对民生福祉具有重要的影响。

性别当中，女性比男性拥有更高的民生福祉，这可能是由于不同性别在社会扮演的角色不同，男性比女性面临的社会竞争压力更大所导致的。年龄对民生福祉的影响存在倒"U"型关系，这可能是由于一般情况下人们在年龄较小的时候尚未面临生活工作的压力，民生福祉较高。随着年龄的增大，生活和工作社会竞争压力变大，民生福祉较低。但是到年龄较大以后，逐渐退出职业生涯，家庭积蓄较多和生活工作压力较小，民生福祉也相对较高。就婚姻状况而言，结婚群体比非结婚群体拥有更高的民生福祉，这可能是由于总体来看婚姻能带来物资和情感的相互支持，生活民生福祉也就越高。教育程度对民生福祉影响在 1% 显著水平呈显著正向影响，这可能是由于学历越高的人在收入、工作和生活上相比低学历的人更体面，因此更可能拥有更高的民生福祉。居民健康状况对民生福祉具有显著的正向影响，这说明身体健康能够有助于民生福祉的提升。

表 6-3　有无住房产权表征的住房权利分层对居民家庭民生福祉的影响结果检验

	（1）民生福祉	（2）民生福祉	（3）民生福祉	（4）民生福祉	（5）民生福祉
有无住房产权	0.172***	0.227***	0.176***	0.251***	0.202***
	（0.0169）	（0.0303）	（0.0306）	（0.0305）	（0.0308）
控制变量	控制	控制	控制	控制	控制
社区异质性		控制	控制	控制	控制
时间固定效应				控制	控制
省份固定效应			控制		控制
N	58108	20388	20388	20294	20294
Pseudo R2	0.0007	0.0499	0.0596	0.0580	0.0669

Standard errors in parentheses，* $p < 0.1$，** $p < 0.05$，*** $p < 0.01$

6.4.2　居住权的实现对居民居住民生福祉的调节效应

本部分首先考察了住房的基本民生居住消费属性对民生福祉的影响，表6-4是对住房的基本居住属性对民生福祉的影响进行实证检验的结果。关于住房的基本民生消费属性的衡量，本书借鉴了李翔等（2015）的做法，用住房的建造年代代表住房的破旧程度；用住房的室内使用面积来代表住房居住空间舒适性；用住房的卧室数来代表住房的居住实用性强弱；用客厅数代表住房的居住功能性的高低；用是否有卫生间来代表住房居住使用的生活方便性。模型（1）、模型（2）、模型（3）、模型（4）分别代表未加入控制变量、加入控制变量以及分别逐步控制时间固定效应、省份固定效应和住房社区异质性的模型估计结果。本书仅对模型（4）的结果进行汇报。表5-4的结果表明，住房的基本居住消费属性对民生福祉的影响整体上十分显著。从具体结果来看，住房的建筑年代对民生福祉影响在1%的显著水平上存在显著的正向促进作用，影响系数为0.141。建筑年代时间在较大程度上反映着住房的破旧程度，建筑时间越久，居住的功能性和体验可能就越差，因此影响居民家庭居住体验和居住民生福祉。室内居住面积在控制社区类型异质性和时间、省份固定效应的情况下在1%的显著水平上对民生福祉存在显著的正向促进作用，影响系数为0.00143，这说明由于住房室内面积意味着居住的宽敞舒适程度，因此对民生福祉具有显著的正向促进作用。卧室数对民生福祉在5%的显著水平上呈显著的正相关，影响系数为0.0728，这是由于房间数越多则在一定程度上代表着住房的居住使用性越强，因此对民生福祉产生积极影响。客厅数对民生福祉的影响在1%的显著水平上呈显著的正相关，影响系数为 0.143，这主要是由于客厅数越多，意味着住房的居住功能性越强，对居民民生福祉体验影响也越高。是否有卫生间对居民幸福在 1% 的显著水平上呈显著的正相关，影响系数为 0.267，这说明有卫生间的住房能较大程度上提高居民居住生活的便利化，对民生福祉具有积极的影响。这证明了假说 2 的成立。

表 6-4　住房民生居住消费属性对民生福祉的影响检验结果

	（1）民生福祉	（2）民生福祉	（3）民生福祉	（4）民生福祉
建筑时间	0.175***	0.212***	0.207***	0.141***
	（0.0221）	（0.0328）	（0.0339）	（0.0343）
室内面积	0.00234***	0.00305***	0.00349***	0.00143**
	（0.0005）	（0.0007）	（0.0008）	（0.00068）
房间数量	0.0438**	0.0556**	0.0560*	0.0728**
	（0.0194）	（0.0283）	（0.0292）	（0.0285）
是否有卫生间	0.480***	0.214***	0.255***	0.267***
	（0.0548）	（0.0826）	（0.0886）	（0.0892）
客厅数量	0.0690**	0.0856*	0.188***	0.143***
	（0.0327）	（0.0472）	（0.0515）	（0.0519）
控制变量		控制	控制	控制
社区异质性		控制	控制	控制
省份固定效应			控制	控制
时间固定效应				控制
N	10993	6041	6041	6041
PseudR^2	0.0167	0.0512	0.0687	0.0948

Standard errors in parentheses* $p < 0.1$，** $p < 0.05$，*** $p < 0.01$

同时还应当看到，住房权利分层还体现在我国租户的居住权得不到有效保障，有无住房在居住权方面存在巨大的居住权差异。长期以来由于我国租赁市场的不完善，承租者和出租者之间的权利和义务不对等，各种权利得不到保护，现实当中经常出现房东随意赶人和中介欺诈的行为。因此，租房面临较大的不确定性，对于租房者生活品质和安全感带来一定的不确定性。尽管住房的基本居住消费属性对民生福祉存在显著的正向影响，但是这种影响可能会受到居民对所居住的房屋是否拥有所有权的调节效应影响。据此，本书将住房的基本居住消费属性与是否拥有住房产权变量（house）作交互项处理，从而来考察是否拥有住房产权对住房基本居住消费属性的调节效应。

从表 6-5 关于有无住房产权对住房居住消费属性调节效应结果来看，拥有住房产权无论是对代表住房新旧的建筑时间，还是卧室数、客厅数，是否有卫生间均比没有住房产权条件下住房的基本居住属性拥有更高的民生福祉。但是住房面积对民生福祉的影响的调节作用符号为负向，这可能是由于对于较大面积的住房而言，尤其是在大城市，租房的经济成本相对较低，而购买较大面积的住房则资金成本较高昂，故租住大面积的住房比购买大面积住房更能够提升民生福祉。但是总体来看，住房产权能够显著正向调节住房的居住属性对民生福祉的影响。

表 6-5　居住权实现对住房基本居住消费属性的调节效应检验结果

	（1）民生福祉	（2）民生福祉	（3）民生福祉	（4）民生福祉
建筑时间 *house	0.0544**	0.109***	0.106***	0.0975***
	（0.0271）	（0.0402）	（0.0408）	（0.0427）
室内面积 *house	-0.146***	-0.183***	-0.176***	-0.162***
	（0.0339）	（0.0494）	（0.0503）	（0.0526）

续表

	（1） 民生福祉	（2） 民生福祉	（3） 民生福祉	（4） 民生福祉
房间数量 *house	0.0888***	0.139***	0.134***	0.108***
	（0.0197）	（0.0294）	（0.0297）	（0.0310）
是否有卫生间 *house	0.169***	0.217***	0.198***	0.197***
	（0.0350）	（0.0559）	（0.0560）	（0.0605）
客厅数量 *house	0.451***	0.124	0.132	0.291**
	（0.0674）	（0.102）	（0.105）	（0.113）
控制变量		控制	控制	控制
社区异质性		控制	控制	控制
省份固定效应			控制	控制
时间固定效应				控制
N	10993	6051	6041	6041
PseudR^2	0.0086	0.0423	0.0437	0.0923

Standard errors in parentheses* $p < 0.1$，** $p < 0.05$，*** $p < 0.01$

6.4.3 住房权利分层影响民生福祉的异质性分析

6.4.3.1 不同年龄群体的异质性分析

由于不同年龄阶段的人们对住房权利的需求可能存在一定的差异，因此有无住房产权对民生福祉的影响可能存在一定的年龄群体的差异性。从表6-6不同年龄结构下有无住房产权对居民家庭民生福祉的影响来看，有无住房产权对于各个年龄段的影响存在显著的差异性，这也充分说明不同年龄阶段群体对住房产权的需求存在一定的差异性，进而对民生福祉也产生一定的差异化影响。具体来看，对于15—29岁的年轻人群来说住房产权获得对民生福祉在1%的显著水平上呈显著的正向影响关系，影响系数为0.284，影响系数相对较小，而对于 30—49 岁的中青年人群来说住房产权获得对民生福祉的影响迅速扩大，且在 1% 的显著水平上呈显著的正向影响关系，影响系数为 0.348；对于 50—65 岁的中年人群来说，住房产权获得对民生福祉的影响在 10% 显著水平上呈显著的正向影响关系，影响系数为 0.114，影响开始出现下降。对于 65 岁以上的老年人群来说，住房产权获得对民生福祉的影响则不显著，影响系数也非常低。这可能是由于 15—29 岁的人群尚处于学习或者初步走入社会阶段，拥有住房能够避免租房带来的一系列不稳定，有助于社会生活稳定，但是相对于中年群体而言，由于大部分还未建立家庭，买房和租房选择空间仍然较大，因此拥有住房产权的意义相对于 15—29 岁的群体影响较小。而对于 30—49 岁的中青年群体来说，随着年龄的增长，工作和家庭亟待稳定以及子女上学教育等问题，住房产权的获得对民生福祉的影响也开始增大。对于 50—65 岁的人群而言，这一时期的人们职业生涯发展处于尾期，收入的积累和社会关系进入稳定阶段并开始要进入退休生活阶段，更不存在基于住房的子女教育等问题，因此住房产权获得对于他们的民生福祉的影响重要性开始明显下降；而对于 65 岁以上的老年群体，进入退休的职业生涯，相比中青年和中年群体来说，是否拥有住房产权对他们的重要性不大，因此住房产权对于他们的民生福祉的影响并不十分显著。

就影响民生福祉的其他控制变量而言，模型的估计结果与前部分关于住房产权获得对民生福祉的模型回归结果基本保持一致，由于前文已经进行解释分析，根据目前大多数学者的惯用做法，对于控制变量的显著性分析解释在此不再赘述。

表6-6　不同年龄结构下有无住房产权对居民家庭民生福祉的影响检验结果

	（1）民生福祉	（2）民生福祉	（3）民生福祉	（4）民生福祉
	15—29 岁	30—49 岁	50—65 岁	65 岁以上
有无住房产权	0.284***	0.348***	0.114*	−0.00088
	（0.0482）	（0.0731）	（0.0617）	（0.0864）
控制变量		控制	控制	控制
社区异质性	控制	控制	控制	控制
时间固定效应	控制	控制	控制	控制
省份固定效应	控制	控制	控制	控制
N	8786	3268	5713	2531
PseudR^2	0.0785	0.0654	0.0635	0.0710

注："*"号代表了变量的统计结果的显著水平，***、**、*分别代表显著水平为 1%、5%、10%。

6.4.3.2 不同时间阶段样本的异质性分析

由于不同时期我国房地产市场价格存在一定的周期波动，不同时期房价上涨使得住房产权获得对于城市有房群体和无房群体的影响可能存在一定的差异。从表 6-7 不同时间阶段有无住房产权对居民家庭民生福祉的影响，2003—2008 年我国房地产市场总体相对稳定，而 2008—2009 年全球金融危机以后，宏观调控放松和经济刺激使得房地产市场价格高涨，而随后的 2016 年下半年信贷宽松政策和棚户区改造货币化安置带来房价的大幅度上涨，使得居民家庭购房背负较大的经济压力。因此住房产权获得对民生福祉的影响在 2003—2008 年相对较大，在 2010—2017 年尤其是在 2017 年出现大幅度上升使得住房获得对居民家庭的民生福祉影响与前一阶段相比有所降低，但是仍然存在显著的正向影响。

就控制变量的显著性而言，影响民生福祉的各个控制变量整体上来看与前一部分的结果基本保持一致，为了避免赘述，根据实证研究学者们的一贯做法，在此不再对控制变量的结果进行逐个解释分析。

表6-7　不同时间阶段有无住房产权对居民家庭民生福祉的影响检验结果

	（1） 民生福祉	（2） 民生福祉
	2003—2008	2010—2017
有无住房产权	0.479***	0.106***
	（0.0541）	（0.0388）
控制变量	控制	控制
社区异质性	控制	控制
时间固定效应	控制	控制
省份固定效应	控制	控制
N	7077	13221
PseudR^2	0.0817	0.0589

注：括号中数值为标准误差"*"号代表了变量的统计结果的显著水平，***、**、*分别代表显著水平为1%、5%、10%。

6.4.3.3 东、中、西部区域差异性分析

由于我国经济发展存在较明显的区域发展不平衡，房地产市场和房价在不同区域也存在不同的特征，由此导致居民家庭住房可支付能力和住房产权获得的难度可能存在一定的区域差别（王先柱等，2018）以及不同地区住房选择偏好也可能存在一定的差异性。因此，住房产权获得对居民家庭民生福祉的影响也可能存在一定的区域差异性。从表6-8的实证模型检验结果来看，尽管东、中、西部是否获得住房产权对民生福祉的影响均在1%的水平呈显著的正向影响，但是东部地区由于经济发展水平整体较高，住房获得的难度大，相对于租

房群体来说，居民家庭住房产权的获得对于民生福祉的影响更大，明显高于中西部地区，中部地区次之，西部地区较低。就控制变量而言，影响民生福祉的各个控制变量整体上来看与前一部分的结果基本保持一致，为了避免赘述，根据实证研究学者们的一贯做法，在此不再对控制变量的结果进行逐个解释分析。

表6-8 有无住房产权对民生福祉的影响：东、中、西部地区差异性分析

	（1） 民生福祉 东部	（2） 民生福祉 中部	（3） 民生福祉 西部
有无住房产权	0.218***	0.194***	0.146***
	（0.0450）	（0.0310）	（0.0507）
控制变量	控制	控制	控制
社区异质性	控制	控制	控制
时间固定效应	控制	控制	控制
省份固定效应	控制	控制	控制
N	9925	19920	6967
PseudR^2	0.0607	0.0608	0.0763

注："*"号代表了变量的统计结果的显著水平，***、**、*分别代表显著水平为1%、5%、10%。

6.4.4　估计结果的稳健性检验

6.4.4.1 倾向得分匹配法的检验

通过前一部分关于住房产权获得对民生福祉的影响分析得到了较为显著的模型估计结果。但是由于模型构建可能存在一定的内生性问题，以及模型构建可能存在遗漏变量和测量误差，这些都可能对模型的估计结果稳健性产生一定的影响。因此为了防止模型中的自变量和

因变量之间的内生性问题和其他估计偏误可能对本书研究结果产生的偏差，本书尝试通过倾向得分匹配法进行稳健性检验。表 6-9 是采用倾向得分匹配法估计住房权利对于民生福祉的影响结果汇报，主要使用近邻匹配法，并且通过 Bootstrap 方法，重复抽样 200 次以调整 ATT 估计值的标准误差。通过匹配来计算住房产权的处理组平均效应，即是住房产权对于民生福祉改善概率的影响。其中，最近邻匹配（一对一）是为每个处理组样本匹配两个控制组样本，最近邻匹配（一对二）是为每个处理组样本匹配两个控制组样本，最近邻匹配（一对三）是为每个处理组样本匹配三个控制组样本，最近邻匹配（一对四）是为每个处理组样本匹配四个控制组样本。标准误是在 Bootstrap 重复抽样 200 次调整后的标准误。估计结果是控制聚类标准误下的进行估计。从倾向得分匹配的结果可以看出，住房的居住权利的获得显著提高了有房家庭的民生福祉概率。

表 6-9　倾向得分匹配下的住房权利分层对民生福祉的影响检验结果

	ATT	标准误	t 值
近邻匹配（一对一）	0.0923***	0.0131	7.03
近邻匹配（一对二）	0.0863***	0.0118	7.28
近邻匹配（一对三）	0.0851***	0.0113	7.49
近邻匹配（一对四）	0.0840***	0.0111	7.56

注："*"号代表了变量的统计结果的显著水平，***、**、*分别代表显著水平为 1%、5%、10%。

6.4.4.2 工具变量的内生性检验

由于前部分关于住房产权拥有状况对民生福祉的影响分析可能存在遗漏变量、测量误差或者自变量和因变量之间相互影响等原因导致的内生性问题，从导致估计结果存在一定的偏误，本部分通过工具变量的途径对住房产权对民生福祉的影响进行分析。工具变量的选择要遵循所选择的工具变量与解释变量是否拥有住房产权相关，同时与民生福祉不存在直接相关的关系。根据中国的城市发展实际，本地户籍人口在获得住房产权中占据优势，这表现在福利分房时代，本地户籍比非本地户籍更有机会获得住房。住房市场化改革以后，福利分房通过市场化出售给原租户，因此本地户籍人口获得住房产权的概率更大。而在当前住房市场化的情况下，国家对房地产市场调控和限购政策当中仍然首先满足本地户籍人口的住房购买权利，拥有本地户籍的人口比非户籍人口在获得住房产权中仍然占据绝对优势。而且，是否为本地户籍与民生福祉不存在直接的和明显的相关性。同时，在借鉴已有研究成果如陈淑云等（2017）的研究中以户籍为工具变量的研究成果，本书选择是否为本地户籍作为工具变量，具有一定的合理性。从表6-10的模型估计结果来看，模型（1）表明住房对民生福祉具有显著的正向影响关系。模型（2）表明是否为本地户籍对住房产权获得具有显著的相关性。模型（3）表明将是否为本地户籍作为是否拥有住房产权的工具变量的之后，模型结果依然显著，这说明在考虑内生性问题之后，住房产权获得对民生福祉仍然具有十分显著的正向影响。工具变量的过度识别检验结果也通过检验，表明不存在工具变量的过度识别问题，工具变量选择较为合适。

表6-10 加入工具变量的住房权利分层对民生福祉影响的进一步检验结果

	（1） 民生福祉		（2） 是否有住房		（3） 民生福祉
有无住房产权	0.230*** （0.0303）	是否本地户籍	0.126*** （0.0436）	是否有住房	0.203*** （0.0308）
控制变量	控制		控制		控制
社区异质性	控制		控制		控制
时间固定效应	控制		控制		控制
省份固定效应	控制		控制		控制
N	20392		20298		20298
PseudR^2	0.0487		0.0663		0.0663

注："*"号代表了变量的统计结果的显著水平，***、**、*分别代表显著水平为1%、5%、10%。

6.4.5 进一步拓展：租购不同权视角下住房权利分层对民生福祉影响的直接效应和中介效应检验

住房权利分层对民生福祉的影响还体现在住房产权的获得关系到居民家庭能否获得以及多大程度上获得城市公共服务的资格权利差异。长期以来，由于我国城市公共服务供给的不平衡不充分，特别是优质公共服务资源的不足，城市租购不同权的制度安排使得居民家庭为了子女的教育而竞相购买"天价"学区房或者去公共服务更好的大城市买房。有无住房产权关系到居民家庭能否享受城市公共服务以及多大程度上享受优质的公共服务的权利。因此，住房产权获得可能通过居民家庭城市公共服务获得的满意度进而影响居民的民生福祉。根据前一部分中介效应模型的构建，本部分通过实证检验进行验证，从表6-11的中介效应模型的检验结果来看，模型（1）和模型（2）验证了住房产权对民生福祉产生显著的直接效应影响。模型（3）表明，是否拥有住房产权对居民家庭公共服务满意度存在显著的正向影响。模型（4）将是否拥有住房产权和公共服务满意度同时加入模型当中，结果表明，住房产权通过影响居民公共服务享受满意度，进而对民生福祉产生影响，这也验证了本书前部分的研究假说3的正确性。其他控制变量结果与前部分的模型回归结果基本保持一致，由于前文已经进行解释分析，在此不再赘述。同时，为了进一步验证租购不同权背景下，是否拥有住房产权通过影响公共服务满意度进而影响民生福祉的中介效应，本书通过 Bootstrap 检验法，设置重复抽样 5000 次，从而发现获取中介效应的对应的置信区间在同一侧不经过 0，这表明中介效应是显著的，在租购不同权背景下，是否拥有住房产权通过影响居民公共服务享受资格权利的差异进而影响居民的民生福祉。

表 6-11　租购不同权、公共服务享受满意度与民生福祉的中介效应检验结果

	（1） 民生福祉		（2） 公共服务满意度		（3） 民生福祉
是否有住房	0.139***	是否有住房	0.141***	是否有住房	0.179***
	（0.0424）		（0.0445）		（0.0492）
				公共服务满意度	0.381***
					（0.0884）
控制变量	控制		控制		控制
社区异质性	控制		控制		控制
时间固定效应	控制		控制		控制
省份固定效应	控制		控制		控制
N	10747	N	7878	N	7872
PseudR^2	0.0182	PseudR^2	0.0182	PseudR^2	0.0803

注："*"号代表了变量的统计结果的显著水平，***、**、*分别代表显著水平为 1%、5%、10%。

在前部分通过中介效应模型论证了住房通过居民城市公共服务满意度对民生福祉产生影响的基础上。为了进一步确保模型估计结果的稳健性，本部分通过替换数据的方式进行稳健性分析。具体来说，由于现阶段我国租购不同权对民生福祉的影响主要体现在城市公共服务分配方面这而且突出地反映在教育领域。因此，本书选择居民对政府城市教育服务满意度替换政府社会公共服务满意度来进行中介效应模型检验，检验结果如表6-12所示，结果表明，在替换关键变量以后，是否拥有住房产权通过影响居民教育满意度对民生福祉产生影响的直接效应和中介效应依然显著，而且直接效应和中介效应占比基本与前部分的结果相差不大。这说明模型的估计结果具有较强的稳健性和可靠性。其他控制变量结果与前部分的模型回归结果基本保持一致，由于前文已经进行解释分析，在此不再赘述。

表6-12　替换调节变量的中介效应模型的稳健性检验结果

	（1） 民生福祉		（2） 教育满意度		（3） 民生福祉
是否有房	0.203***	是否有房	0.151*	是否有房	0.159*
	（0.0308）		（0.0804）		（0.0888）
控制变量	控制		控制		控制
社区异质性	控制		控制		控制
时间固定效应	控制		控制		控制
省份固定效应	控制		控制		控制
N	20298	N	2624	N	2618
PseudR^2	0.0663	PseudR^2	0.0148	PseudR^2	0.0627

注："*"号代表了变量的统计结果的显著水平，***、**、*分别代表显著水平为1%、5%、10%。

6.5　本章小结

本章从住房权利分层维度分析了住房分层对民生福祉的影响。首先，通过引言和文献分析相结合，提出本部分的研究问题。其次，通过住房权利分层影响民生福祉的理论机制分析，提出本章节的研究假说，在此基础上构建住房权利分层影响民生福祉的实证分析模型和微观数据指标的选取和说明，进行实证分析。实证分析过程中，本章首先论证了是否拥有住房产权（即有房群体与无房群体）对民生福祉的显著差异影响，验证了居民家庭拥有住房产权能够显著提升民生福祉。在此基础上，论证了住房基本民生消费属性对民生福祉的积极影响。同时本书还通过住房产权与住房基本民生居住消费属性进行交互项处理，来检验拥有住房产权对住房基本居住消费属性影响民生福祉的正向积极的调节作用。其次，本书也从不同年龄群体和不同时间阶段进行住房产权对民生福祉的敏感性分析，得到了较为一致的结果。在此基础上通过倾向得分匹配和工具变量法的内生性检验，在克服了测量误差和内生性问题对模型估计偏误的影响之后，进一步论证了模型估计结果的稳健性。再次，本书结合我国的实际国情，进一步拓展住房权利分层对民生福祉的影响的研究。从租购不同权视角下论证了住房权利分层对民生福祉的影响，通过利用中介效应模型检验了在住房权利分层情况下，有无住房产权通过影响居民政府公共服务享受满意度尤其是政府教育服务满意度，进而影响民生福祉这一中国特殊国情背景下的影响机制的存在。最后，本书得出相应的研究结论，验证了本书在前一部分提出的研究假说1、假说2和假说3的正确性。

本章的创新之处在于，从马克斯·韦伯多元社会分层理论的法律秩序及其核心内涵来研究我国住房权利分层对民生福祉的影响。与以往学者的研究相比，本章节首先论证了居民家庭住房产权获得即是否拥有住房产权对民生福祉的影响，并得到了与现有学者的主要研究较为一致的结论。在此基础上，本书对现有的研究进一步进行深化和拓展，将我国住房分层与韦伯多元社会分层理论的法律秩序及其所对应的核心"权利"相结合，将住房产权的获得延伸到居民家庭住房权利的拥有，从而将居民家庭有无住房延伸到对住房权利分层的分析。然后，结合我国国情和住房制度改革中的现实制度安排，从有无获得住房产权带来的多种住房权利差异对民生福祉的影响，尤其是住房产权的获得对公民居住权的实现程度，以及租购不同权背景下对居民公共服务资格权差异这些重要机制对民生福祉的影响进行了理论分析和实证检验，这是以往的理论和实证研究所未能给予充分关注到的视角。

第7章 住房财富分层影响民生福祉的
实证分析

　　本章将基于马克斯·韦伯多元社会分层的经济秩序及其核心"财富"，从住房财富分层视角下论证住房分层对民生福祉的影响。本部分将首先通过引言提出关于住房财富分层对民生福祉的影响研究的背景和研究意义。在此基础上通过国内外的相关文献综述，指出现有研究的不足，提出本书的研究问题。其次通过理论分析，对住房财富分层影响民生福祉的理论机制进行分析，主要论证了住房商品化带来的住房财富效应以及住房财富效应的异质性和住房财富效应通过影响居民家庭消费结构对民生福祉产生直接效应和中介效应。在此基础上提出研究假说。然后本章节通过模型构建和数据指标的选取，进行实证分析，其一是实证检验住房财富效应对民生福祉的整体影响。其二是对样本进行无住房家庭、一套住房家庭、两套住房家庭以及两套以上住房家庭的分类实证分析，以论证不同住房家庭的财富效应差异分层下居民家庭民生福祉的差异。其三是再实证分析不同时间阶段和东、中、西部地区住房财富效应对民生福祉的异质性。在此基础上，本书

将通过工具变量法进行模型的稳健性检验，以解决模型可能存在的内
生性问题和估计偏差。最后，基于马克斯·韦伯多元社会分层的经济
秩序及其核心"财富"理论，尤其是财富突出地表现为社会群体的物
质需求满足能力这一内涵解释。本书进一步对住房财富分层通过影响
居民家庭消费结构，进而对民生福祉的影响进行拓展性研究。本部分
通过利用中介效应模型实证检验住房财富分层通过影响居民家庭的基
本生活性消费支出、发展型消费支出和耐用品消费支出以及对居民家
庭消费结构的影响，进而对民生福祉产生影响的这一重要影响路径机
制，以验证前一部分提出的研究假说的正确性并对结果进行了分析。

7.1　引言与问题的提出

住房不仅是居民家庭的安身立命的住所，更是家庭重要的资产，
关系到居民家庭资产财富的保值增值和财产性收入的增加，因此对居
民家庭幸福具有重要的影响。随着我国住房市场化商品化改革的不断
深入，中国居民家庭住房条件得到了极大的改善，居民家庭在获得基
本住房消费的满足的同时，也开始将住房作为重要的投资品进行家庭
资产配置，住房资产成为居民家庭重要的资产财富。根据中国人民银
行"2019 年中国城镇居民家庭资产负债情况调查"报告显示，城镇
家庭户均总资产 317.9 万元，其中住宅资产占比近七成，住房是家庭
实物资产的重要构成。中国城镇居民家庭的住房拥有率为 96%，有
一套住房的家庭占比为 58.4%，有两套住房的占比为 31%，有三套及

以上住房的占比为 10.5%，户均拥有住房 1.5 套[①]。特别是近年来随着国内房价的不断上涨，房地产投资投机行为使得中国城市家庭住房分配差别正在迅速扩大，住房不平等现象日趋严重。在当下中国城市社会，二套或多套住房分配问题更能凸显日益扩大的社会差别，对于重新审视市场转型过程中的社会分层与社会不平等具有十分重要的意义（蔡禾、黄建宏，2014）。中国的住房市场化经历了住房产权化、住房产业化和住房金融化三个阶段，住房从消费品逐渐变为投资品和金融品，并成为城市家庭财产主体和社会分化的重要机制。住房市场化导致居民的住房资产和住房数量差异，房价持续上涨使住房财富效应膨胀，收入分层与住房分层双重叠加形成的分化效应加剧了中国城市的贫富分化（吴开泽，2019）。

在此背景下，关于住房财富与民生福祉的研究成为学术界关注的焦点问题。从已有的研究内容来看，一是关于住房财富分层的研究主要从住房财富分层在社会分层中的重要意义展开，认为中国城市住房体制的转变改变了社会收益格局，形成了以住房财产为基础的分层秩序（李强、王美琴，2009）。住房作为居民家庭资产组合，决定着居民家庭的财富积累水平（Davies et al.，2009）、住房的财产财富效应能让购房家庭受益（桑德斯，2010），从而在社会不平等和社会分层中扮演着重要作用（林江等，2012；张伊娜等，2014；刘升，2014；吴开泽，2019）。二是关于住房财富效应对民生福祉的研究，学者们主要从房价上涨带来的住房财富效应对民生福祉的影响，认为房

---

① 中国人民银行发布上年城镇居民家庭资产负债情况调查——城镇居民家庭资产均值逾 300 万元 [EB/OL]. 人民网 .http://finance.people.com.cn/n1/2020/0505/c1004-31697 042.html。

价上涨增加居民家庭住房财富，因而有助于提升民生福祉（林江等，2012）。在住房的投资属性不断强化的背景下，房价上涨带来的住房投资保值增值预期对城镇居民主观民生福祉具有重要的影响（周雅玲等，2017），居民倾向于在生命周期早期购买住房等耐用消费品，其原因可能是住房具有抵押功能，可以缓解家庭流动性约束（Fernande等，2001），降低家庭预防性储蓄需求，进而提高家庭消费（Gan，2010）。

　　但是也有学者认为房价上涨抑制了民生福祉（彭代彦、闵秋红，2015；安虎森等，2018；欧阳一漪、张骥，2018）。甚至有学者认为相对于住房的居住属性，住房的财富效应是不存在的（杨凡，2015；张翔等，2015）。关于住房对居民幸福的影响机制，学者们从预防流动性约束（李涛等，2011）、影响私人消费（Ozer，Tang，2008；Au，2010；骆祚炎，2010；尹志超、甘犁，2010；Sayer，2011）等方面分析房价上涨对民生福祉的影响。部分学者也论证了不同的消费选择会对居民幸福产生重要的影响（Williams，Lee，2006；Zaveri，Amani，2012），但是也有学者持相反观点，他们认为房价上涨带来的住房财富效应是不存在，认为房价有可能会显著降低储蓄和消费（敖翔、张刚；2018）。高涨的房价会引发抑制消费的"房奴效应"（朱国钟、颜色，2013），高春亮和周晓艳（2007）、谭政勋（2010）和陈斌开、杨汝岱（2013）也通过实证研究发现住房存在负的财富效应。因此，与前一部分学者的观点相反，这些学者认为住房的财富效应可能不存在或者是负向的，对居民消费的影响也可能是不存在的抑或是抑制作用。

　　从现有研究现状来看，学者们关注了住房财富分层在社会分层当中的重要性。同时也关注了房价上涨对民生福祉的重要影响以及其对私人消费的影响。但是尚未从住房财富分层对民生福祉影响的视角进行理论和实证分析，而且现有的研究结论也存在不一致性甚至相反的结论，更缺乏对住房财富分层通过影响居民消费多重结构进而影响民生福祉的这一重要机制的研究。在当前国内房价过高过快上涨的背景下，居民家庭不仅仅追求获得住房产权，而更进一步追求多套住房，将住房作为投资品来实现居民家庭资产财富增值，从而提升家庭收入和生活水平。在此背景下，我国住房财富分配格局呈现出什么样的社会分层秩序？这种分层秩序是否真的会提升居民的民生福祉？其影响机制主要体现在哪里，又是如何影响的？这些问题都是目前现有的研究尚未确切回答的，也正是本书所要解决的问题。

本章的研究贡献在于，基于马克斯·韦伯的多元社会分层理论，从经济秩序所对应的财富维度来分析住房财富分层对民生福祉的影响。本书回答了在当前城镇化和住房市场化商品化不断推进的背景下，全社会居民家庭住房分配秩序格局的变化重塑还鲜明地体现在住房资产财富的差异和分化上，即住房财富分层。在此基础上，本书论证了在住房商品化和房价上涨背景下住房财富分层对民生福祉的影响以及这种影响不同时间阶段的差异性以及在东、中、西部地区的差异性。最后，本书进一步将住房财富分层对民生福祉的研究进行拓展，通过中介效应模型实证分析了住房财富分层通过影响居民基本生活性消费、耐用品消费和发展型消费支出规模，并且随着住房财富的增加，居民会降低家庭的基本生活性消费比例，扩大发展型消费比例进而提升民生福祉，本章的研究弥补了现有研究存在的不足。

7.2 住房财富分层对民生福祉的影响机制与研究假说

在马克斯·韦伯"三位一体"社会分层理论中的经济秩序维度看来，经济秩序的核心是财富，而财富大小则体现在居民在市场当中的购买力和满足其物质需求消费的能力。与之相对应，住房财富分层对民生福祉的影响机制当中，住房商品化带来的住房财富效应是住房财富分层对民生福祉影响的基础；住房财富效应的异质性是住房财富分层对民生福祉的深化；而住房财富分层通过影响居民家庭消费进而影响民生福祉则是住房财富分层对民生福祉的进一步机制拓展。住房作为居民家庭最重要的资产，在构成财富不平等当中扮演者重要的角色（Ronald，2007；Arundel，Rowan，2017）。在住房市场化商品化过程中，住房的商品经济属性不断得到强化，伴随着房价长期持续性上涨，不同收入群体之间的住房财富分化越来越严重，住房财富成为造成社会分层的重要原因和表现形式（黄静、崔光灿，2020）。住房财富分层对民生福祉的影响表现在，拥有住房的家庭比没有住房的家庭住房财富效应更明显，多套住房家庭的住房财富高于一套住房家庭。住房财富分层对民生福祉的影响主要通过以下机制，如图7-1所示。

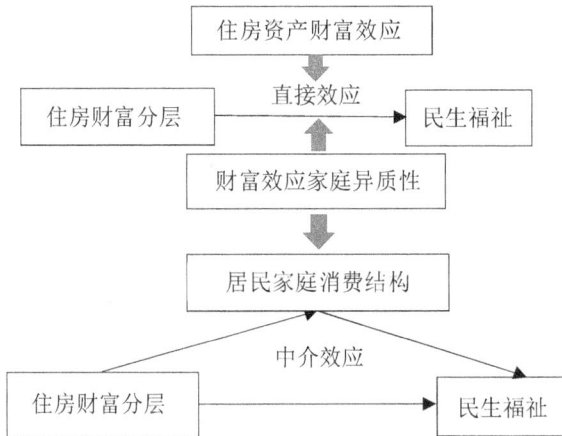

图 7-1 住房财富分层影响民生福祉的逻辑机制示意图

7.2.1 住房财富分层影响民生福祉的基础：公共服务资本化带来的住房资产财富效应

住房财富分层对民生福祉的影响表现在，住房商品化使得住房具有较强的资产投资品价值，因此具有较强的资产财富属性，这种资产财富属性使得住房成为居民个人和家庭的重要资产。具体来说，从住房的资产投资属性来看，居民家庭是否拥有住房以及拥有多套住房意味着居民家庭的资产投资积累的高低，从而对居民家庭的民生福祉产生显著的影响。拥有住房对住房分层的重要意义在于，在住房升值时期，有房者和租房者增加财富的机会明显不同。住房财富对于财富分配的意义在于劳动阶层可以通过购买楼房而增加资产，从而分享经济发展成果（Saunders，2010）。在我国，住房资产在大部分家庭资产中占据重要比例[1]。在经济收入不确定的情况下，住房可以有效降低家庭

---

[1] 中国人民银行发布上年城镇居民家庭资产负债情况调查——城镇居民家庭资产均值逾 300 万元 [EB/OL]. 人民网 . http://finance.people.com.cn/n1/2020/0505/c1004-31697042.html。

收入不确定性的影响，降低居民家庭预防性储蓄，提高居民的民生福祉（李涛等，2011）。近年来随着房价的不断上涨，家庭住房资产也随之增值，住房的财富效应开始逐渐显化，导致住房财富不平等（原鹏飞等，2013）。在房价的不断上涨促进有房家庭住房财富增值的同时，也加剧了住房作为投资品的住房投资行为的盛行，从而使得高收入家庭更愿意通过住房投资来实现家庭住房财富的增值。因此，家庭住房拥有数量越多，也就意味着家庭住房财富积累越多，进而意味着家庭财富积累迈向更高收入阶层（原鹏飞、冯蕾，2014），收入越高的家庭住房财富效应越大（黄静、屠梅曾，2009）。住房财富效应对民生福祉的直接效应影响逻辑如图7-2所示。

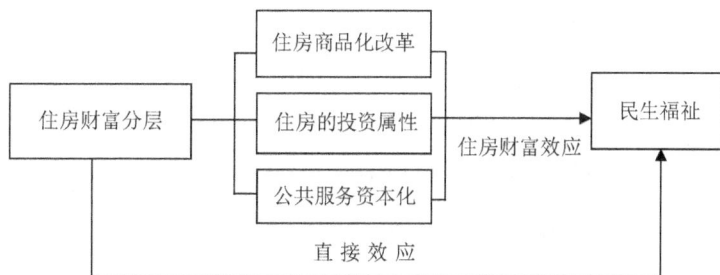

图7-2　住房财富分层对民生福祉的直接效应影响示意图

7.2.2　住房财富分层影响民生福祉的深化：住房财富效应异质性的视角

住房财富效应对民生福祉的影响的异质性表现在，居民家庭不同住房数量状况下的家庭异质性、阶段异质性和区域异质性。从不同家庭住房财富效应对民生福祉影响的异质性来看，房价对民生福祉的影响还依赖于住房拥有量，住房数量增加能够显著提高民生福祉（黄静、屠梅曾，2009）。仅有一套房产者尽管也能从房价上涨当中获得住房财富效应，但是由于住房的刚性需求和二套房改善性需求的存在，一套房或者二套改善性需求家庭的这种财富效应兑现的空间较小（Poterba，2000），只有那些真正获益者才同时有更高的民生福祉（李骏，2017），因此，虽然有产群体的民生福祉高于无产群体，但是只有拥有多套住房的居民家庭的民生福祉才越高（欧阳一漪、张骥，2018）。多房者民生福祉显著高于仅有一套房产者（李涛等，2011），无房者的民生福祉低于同等条件下的有房者（安虎森等，2018）。

从住房财富效应对民生福祉的时间阶段异质性来看，不同时期房地产市场价格波动以及由此带来的居民家庭住房配置状况会对居民家庭住房财富效应带来阶段性差异（孙伟增、郑思齐，2013；杨巧等，2018）。这主要体现在，从整体来看我国房地产市场价格上涨存在一定的阶段性上涨特征，1998年住房市场化商品化改革以后我国房地产市场价格上涨整体较为稳定，因此这一时期的住房财富效应并不十分显著。2008—2009年全球金融危机以后的房地产市场受到经济刺激政策的影响而出现房价的较大幅度上涨，因此住房的财富效应得到较大程度的显现。尤其是2016年下半年我国房地产市场受到量化宽松和棚户区改造货币化安置的政策影响带来房价史无前例的大幅度上涨，因此住房的财富效应最为明显，对民生福祉的影响也更大。

从住房财富效应对民生福祉的区域异质性来看，住房财富分层对民生福祉的影响存在东、中、西部的区域差异。由于我国区域经济发展的不平衡，不同地区经济发展水平和公共服务资源分配存在差异。同时，不同地区居民的住房可支付性和住房分配不平等状况也存在区域性差异，由此导致的居民家庭住房财富不平等对民生福祉的影响也可能存在一定的区域差异性。经济发达地区由于房价水平较高，房地产财富效应相应地也越大（黄静、屠梅曾，2009），多套住房群体的住房财富效应更加显著，低收入群体住房支付能力更低，获得住房的可能性更小。因此，住房财富差异在经济发达地区可能表现得更为突出，对民生福祉影响的差异更加明显，而中西部地区这种影响则相对较小。住房财富效应对民生福祉的异质性影响逻辑如图 7-3 所示。

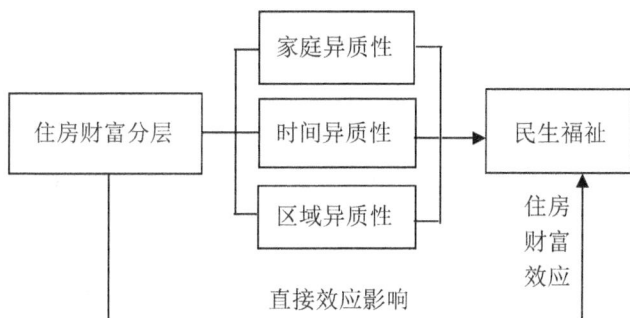

图 7-3　住房财富效应对民生福祉的异质性影响示意图

7.2.3　住房财富分层影响民生福祉的进一步拓展：居民家庭消费结构的视角

在马克斯·韦伯看来，经济秩序的核心是财富，而财富的标准则更显著地体现为社会成员在经济市场中满足物质需求消费的能力和市场购买力。因此，住房财富分层对民生福祉的影响更突出地表现在居民家庭住房财富效应对居民家庭消费的影响。在房价不断上涨的情况下，房地产价格上升可以通过可兑现的财富效应、未兑现的财富效应、流动性约束效应和预期效应等机制促进私人消费（Ludwing，Slok，2002），住房财富的增加能够刺激家庭进行更多的消费（张大永等，2012），通过影响基本生活性消费、耐用品消费和发展型消费的支出，尤其是发展型和享受型消费（余华义等，2017；张传勇等，2017），从而影响居民家庭的民生福祉。尤其是在房价不断上升的情况下，"财富效应""流动性约束效应"以及"替代效应"三大机制对居民消费产生促进或抑制的作用（杜莉等，2012），对"无房"城镇居民主观民生福祉造成的负面影响更为强烈（周雅玲等，2017）。因此，房价上涨带来的住房资产财富效应在拥有多套住房的家庭比没有住房或只有一套住房的家庭更强，因此居民家庭的收入获得感和财富效应也越强，房价上涨对有房居民的家庭文化、娱乐、休闲消费支出具有显著正效应，但对租房者则产生不显著的负效应（姜茗予，2019）。因此，住房财富效应可能通过影响居民家庭消费结构，尤其是基本生活性消费、耐用品消费以及发展型消费，进而对民生福祉产生重要影响。住房财富分层、居民家庭消费与民生福祉的中介效应影响逻辑如图7-4所示。

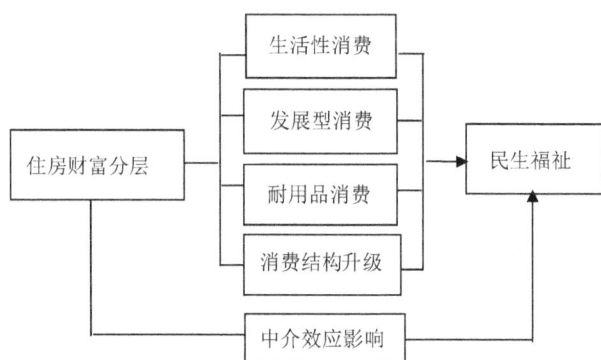

图7-4 住房财富分层、居民家庭消费与民生福祉的中介效应示意图

7.2.4 研究假说

根据以上理论分析，本部分提出以下待验证的研究假说命题：

假说 4：以居民家庭住房拥有多寡为表征的住房财富分层对民生福祉存在显著的正向影响。住房财富分层地位越高的家庭民生福祉认知也相对较高。从家庭异质性角度来看，一套住房家庭民生福祉高于无住房家庭，但是住房财富效应的释放和显化是建立在刚性需求和改善性需求得到满足基础之上的逐步释放过程，由于一套住房家庭对住房的刚性需求原因和二套住房家庭的改善性需求的原因，两套以上的多套住房居民家庭阶层的住房财富效应才真正释放，因而其民生福祉也最高。

假说 5：从进一步的异质性分析来看，住房财富分层对居民幸福感的影响受到我国房地产市场价格阶段性波动的影响存在一定的阶段性差异和区域异质性。住房财富分层对居民幸福感的影响在 2003—2008 年样本期间相对较小，而在 2010—2017 年样本期间相对较大，住房财富分层对民生福祉的影响存在一定的区域异质性可能表现为住房财富分层对民生福祉的影响在东部地区较大，而在中、西部地区则相对较小。

假说 6；住房财富分层通过影响居民家庭消费结构进而对民生福祉产生中介效应影响。具体表现在住房财富越高的家庭，越倾向于增加基本生活性消费支出、耐用品消费支出和发展型消费支出，从而对其民生福祉提升产生显著的中介效应影响。而且，随着住房财富效应的增加，住房财富越多的居民家庭会倾向于逐渐降低基本生活性消费支出比例，增加发展型消费支出的比例，进而可能对居民家庭民生福祉产生积极的促进作用。

7.3 模型构建、变量选择与数据说明

7.3.1 模型构建

本书以住房财富分层对居民幸福的影响为研究主题进行实证分析，通过 CGSS 进行检验。在实证分析之前，先通过构建住房财富分层与民生福祉的关系模型（1）：

$$happy_i = \partial_0 + \partial_1 housew_i + \partial_i X_i + \varepsilon_i \tag{1}$$

其中，$happy_i$ 代表民生福祉，$housew_i$ 代表居民家庭以住房套数为表征的住房财富分层变量，X_i 代表一组影响民生福祉的控制变量，包括收入、性别、年龄、工作等因素。本书通过模型（1）来检验住房财富分层变量对民生福祉的直接效应。在模型（1）基础上，本书为了识别住房财富分层变量是否通过居民家庭消费结构对民生福祉产生影响的中介效应，进一步构建模型（2）和模型（3），与模型（1）共同组成联立方程，来验证住房财富分层变量对民生福祉的中介效应。

$$consume_i = \beta_0 + \beta_1 housew_i + \beta_i X_i + \varepsilon_i \tag{2}$$

$$happy_i = \gamma_0 + \gamma_1 housew_i + \gamma_2 consume_i + \gamma_i X_i + \varepsilon_i \tag{3}$$

在方程（1）、方程（2）、方程（3）中，∂、β、γ 为主要变量的系数。根据中介效应模型的含义，在上式中，方程（1）的系数 ∂_1 是住房财富分层变量对民生福祉的总效应；方程（2）的系数 β_1 是住房财富分层变量对居民家庭消费的直接效应；方程（3）中的 γ_1 是控制了居民家庭消费对民生福祉的影响后，住房财富分层变量对民生福祉的

影响的直接效应，γ_2 是控制了住房财富分层变量对民生福祉的影响后，居民家庭消费对民生福祉的影响效应。住房财富分层与民生福祉的模型检验过程如图 7-5 所示。

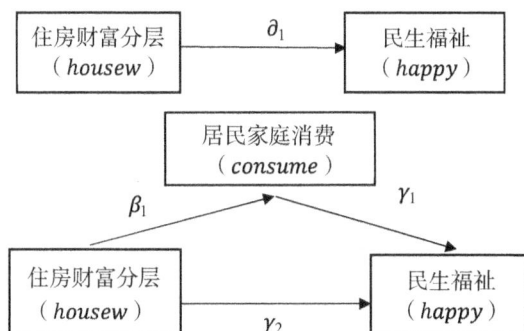

图 7-5　住房财富分层与民生福祉的模型示意图

7.3.2　数据来源、变量选择与说明

表 7-1　变量指标的选择与解释说明

解释变量名称	变量说明	代表含义
您家现在有几处房产	由居民填写数字 1、2、3、4……	表示居民住房的套数，序数越大，则家庭住房越多，以此来表示住房财富的梯度分层秩序
是否幸福	从非常幸福到非常不幸福为：5→1	表示民生福祉程度，序数越大，则民生福祉越强
性别	男 =1，女 =0	用来衡量民生福祉的性别差异
收入	由居民真实收入数据作取对数处理得出	用来衡量收入对民生福祉的影响
年龄	由调查年份与出生年份作差计算后作取对数处理得出	用来衡量年龄对民生福祉的影响
年龄平方项	由年龄的乘方计算而来	用来衡量年龄对民生福祉影响的非线性关系
婚姻	结婚为 1，其他为 0	用来衡量婚姻状况对民生福祉认知的影响

解释变量名称	变量说明	代表含义
健康状况	非常健康到非常不健康为：5→1	序数越大，则表示身体越健康，进而反映身体健康状况对民生福祉认知的影响
教育程度	文盲为0，小学为1，初中为2，高中为3，中专、技校为4，大学、大本为5，硕士及以上为6	序数越大，受教育程度越高，用来反映人力资本对民生福祉认知的影响
耐用品消费	家庭是否购买小汽车，是为1，否为0	用家庭是否购买小汽车来作为居民家庭耐用品消费的代理变量
基本生活性消费	主要是包括居民家庭吃穿住行等方面的消费支出	用来反映居民家庭的基本生活性消费状况
发展型消费	主要是居民家庭教育、医疗保健、休闲娱乐等方面的消费支出	用来反映居民家庭发展型消费状况
工作单位类型	党政军机关、国有、事业单位为1，非国有为0	用来反映工作单位对民生福祉的影响

7.3.3 样本的描述性统计分析

表7-2是对住房财富分层与民生福祉研究当中所可能涉及的各个变量的描述性统计，分别汇报了变量的指标观测值、平均值、标准误以及最大值最小值。同时，在实证分析过程中，本书对于数量级较大的指标进行取自然对数处理。从统计数据来看，不同住房拥有状况下的居民家庭民生福祉存在明显的差异。不同家庭住房拥有状况占比和对应的民生福祉水平高低如图7-6和图7-7所示。

表7-2 变量的描述性统计

变量名称	观测值	平均值	标准误	最小值	最大值
民生福祉	58144	3.6981	0.8456	1	5
社区类型	37440	2.9706	1.6697	1	6
住房拥有总数量	54591	1.0152	0.6563	0	14

续表

变量名称	观测值	平均值	标准误	最小值	最大值
性别	58200	0.4740	0.4993	0	1
年龄	58197	46.031	16.1524	15	103
婚姻	58199	0.7769	0.4162	0	1
教育程度	58159	2.6053	1.3653	0	6
工作单位性质	58200	0.5037	0.4999	0	1
健康状况	52281	3.5164	1.2761	1	6
年龄	58197	3.7627	0.3752	2.7080	4.6347
收入	47007	9.72295	1.0934	2.9957	16.1181
年龄平方项	58197	14.2992	2.7735	7.3335	21.4807
耐用品消费	15548	0.1351	0.4011	0	1
基本生活性消费	18459	14923.36	0.0531	88223.51	1.0×10^{7}
发展型消费	18452	8717.084	0.0793	68670.27	6000000

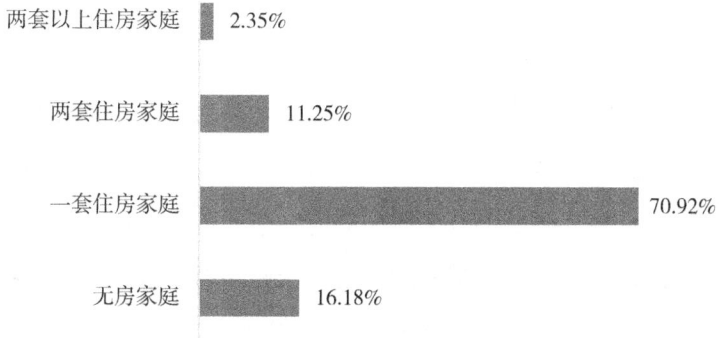

图7-6 不同住房拥有状况家庭样本占比统计

民生福祉

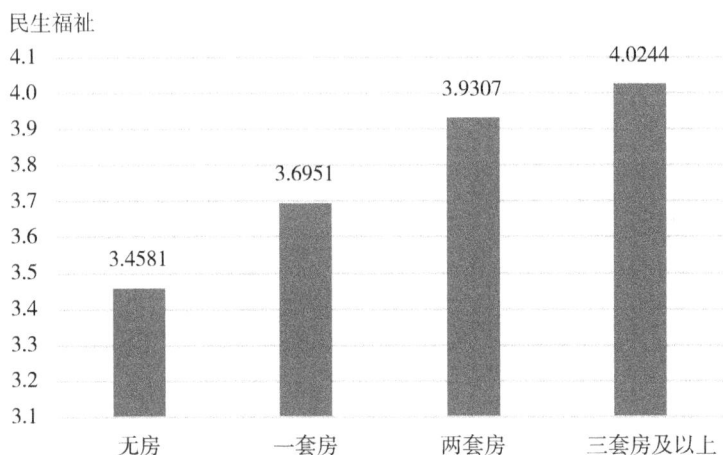

图 7-7　不同住房拥有数量为表征的住房财富分层群体的民生福祉
平均水平统计概况

7.4　实证分析

本部分从马克斯·韦伯多元社会分层理论中的经济秩序的维度，及其核心内涵财富来对我国住房财富分层影响民生福祉的理论机制进行实证分析。首先，分析了住房财富效应差异对民生福祉的影响。其次，将样本进行分类，分为无房家庭阶层、一套住房家庭阶层、两套住房家庭阶层和三套及以上住房家庭阶层来验证不同住拥有数量对民生福祉的影响。再次分析不同时间阶段的住房财富效应对民生福祉的影响以及东、中、西部地区住房财富效应对民生福祉影响的异质性。然后，为了克服模型存在估计偏误和内生性问题的影响，通过工具变量法进行稳健性检验，得到了较为一致的结论。最后，本书进一步拓展关于住房分层对民生福祉的影响研究，利用中介效应模型，从住房财富分层通过影响居民家庭基本生活性消费支出、发展型消费支出和耐用品消费支出以及消费结构优化，进而对民生福祉产生显著的直接效应和中介效应，深化了相关领域的研究。

7.4.1 住房资产财富分层对民生福祉的直接效应影响检验

从表 7-3 关于居民家庭住房财富分层对民生福祉的影响检验结果来看，模型（1）、模型（2）、模型（3）、模型（4）分别是不加入控制变量、加入控制变量、控制省份固定效应、控制时间固定效应以及控制了社区异质性的模型回归结果汇报，本书仅对模型（4）进行结果解释分析。从核心变量住房套数对民生福祉的影响来看，住房套数对民生福祉在 1% 的显著水平上呈显著的正相关。这说明居民家庭住房套数越多的群体，住房财富效应也就越强，对民生福祉的影响也就越大，这验证了本书的研究假说 4 的正确性。

控制变量当中，收入对民生福祉具有十分显著的正向影响，这说明收入增加能够满足居民各种生存发展的消费需求，从而有助于提升民生福祉。性别当中，女性比男性拥有更高的民生福祉，这可能是由于不同性别在社会扮演的角色不同，男性比女性面临的社会竞争压力更大所导致的。年龄对民生福祉的影响存在倒"U"型关系，这可能是由于一般情况下，人在年龄较小的时候尚未面临生活工作的压力，民生福祉较高。随着年龄的增大，生活和工作社会竞争压力变大，民生福祉较低。但是到年龄较大以后，逐渐退出职业生涯，家庭积蓄较多和生活工作压力较小，民生福祉也相对较高。就婚姻状况而言，结婚群体比非结婚群体拥有更高的民生福祉，这可能是由于总体来看，婚姻能带来物资和情感的相互支持，生活民生福祉也就越高。代表体制内外的工作单位性质对民生福祉影响不显著，这可能是由于随着市场化的不断深入，体制内外的工作竞争机制差别不大，因此对民生福祉影响不显著。居民健康状况对民生福祉具有显著的正向影响，这说明身体健康能够有助于民生福祉的提升。

表7-3 住房财富分层对民生福祉的影响检验结果

	（1） 民生福祉	（2） 民生福祉	（3） 民生福祉	（4） 民生福祉
住房财富分层	0.318***	0.306***	0.282***	0.260***
	（0.0167）	（0.0169）	（0.0170）	（0.0238）
控制变量	控制	控制	控制	控制
省份固定效应	/	控制	控制	控制
时间固定效应	/	/	控制	控制
社区异质性	/	/	/	控制
N	34133	34133	34039	17771
PseudR^2	0.0543	0.0634	0.0680	0.0710

Standard errors in parentheses，*p <0.1，**p <0.05，***p <0.01

7.4.2 不同家庭住房财富分层对民生福祉影响的分类检验

在关于住房财富分层对居民家庭民生福祉影响分析的基础上，本部分进一步将样本分为：无房家庭、一套房家庭；两套房家庭，多于两套房家庭。模型（1）、模型（2）、模型（3）、模型（4）分别表示未加入控制变量、加入控制变量和省份固定效应、同时控制时间和省份固定效应以及同时控制时间固定效应、省份固定效应和社区异质性的回归结果，本书仅对模型（4）进行结果汇报和分析。从表7-4的实证结果来看，相对于无房家庭而言，一套住房家庭的民生福祉比无房家庭的民生福祉高出 0.339 个单位；两套住房家庭比无房家庭的民生福祉高出 0.639 个单位；两套以上住房家庭比无房家庭的民生福祉高出 0.801 个单位。这主要是由于，从住房财富效应的角度来看，无房家庭难以分享到经济发展带来的住房财富增值效应。与无房家庭相比，一套住房家庭由于住房财富效应能够获得更高的民生福祉。但是一套住房家庭由于居住消费刚性需求，住房财富效应变现能力相对有限，两套住房家庭除了居住刚需得到满足，多余住房的投资属性开始显化，住房财富效应开始得到体现，但是两套住房家庭获得二套住房可能是基于改善性需求而进行住房配置。因此，住房资产财富投资效应对民生福祉的影响仍然相对较小，而两套以上的多套住房家庭财富效应则更加明显，对民生福祉的影响也更高。

其他影响民生福祉的控制变量结果中，收入对民生福祉具有十分显著的正向影响，这说明收入增加能够满足居民各种生存发展的消费需求，从而有助于提升民生福祉。性别当中，女性比男性拥有更高的民生福祉，这可能是由于不同性别在社会扮演的角色不同，男性比女性面临的社会竞争压力更大所导致的。年龄对民生福祉的影响存在倒"U"型关系，这可能是由于一般情况下，人在年龄较小的时候尚未面临生活工作的压力，民生福祉较高。随着年龄的增大，生活和工作社会竞争压力变大，民生福祉较低。但是到年龄较大以后，逐渐退出职业生涯，家庭积蓄较多和生活工作压力较小，民生福祉也相对较高。就婚姻状况而言，结婚群体比非结婚群体拥有更高的民生福祉，这可能是由于总体来看，婚姻能带来物资和情感的相互支持，生活民生福祉也就越高。代表体制内外的工作单位性质对民生福祉影响不显著，这可能是由于随着市场化的不断深入，体制内外的工作竞争机制差别不大，因此对民生福祉影响不显著。居民健康状况对民生福祉具有显著的正向影响，这说明身体健康能够有助于民生福祉的提升。

表 7-4　不同家庭住房数量家庭分类下住房财富分层对民生福祉的影响

	（1） 民生福祉	（2） 民生福祉	（3） 民生福祉	（4） 民生福祉
一套住房	0.546***	0.348***	0.311***	0.339***
	（0.0225）	（0.0316）	（0.0318）	（0.0323）
两套住房	1.121***	0.716***	0.667***	0.639***
	（0.0320）	（0.0421）	（0.0425）	（0.0429）
两套以上住房	1.040***	0.581***	0.535***	0.801***
	（0.0351）	（0.0445）	（0.0452）	（0.0659）
控制变量	控制	控制	控制	控制
省份固定效应	/	控制	控制	控制
时间固定效应	/	/	控制	控制
社区异质性	/	/	/	控制
N	58144	36929	36929	36835
PseudR^2	0.0529	0.0610	0.0656	0.0671

Standard errors in parentheses，*p <0.1，**p <0.05，***p <0.01

7.4.3　不同时间阶段住房财富分层对民生福祉的异质性影响检验

同时还应当看到，住房的财富分层受到房地产市场价格波动的影响较大，不同时期房地产市场的阶段性波动必然带来住房财富效应的波动，从而可能对民生福祉带来一定的差异性影响。从表 7-5 中关于不同阶段住房财富分层对民生福祉的影响来看，在 2003—2008 年样本期内，住房财富分层对民生福祉的影响十分显著且系数为 0.218，而在 2010—2017 年样本期间内则进一步增大至 0.478，住房财富分层对民生福祉的影响系数进一步提升。这可能是由于 2003—2006 年我国房地产市场总体相对稳定，而 2008—2009 年全球金融危机以后，宏观调控放松和经济刺激使得房地产市场价格高涨，而随后的2016年下半年宏观政策中的信贷宽松政策和各地棚户区改造货币化安置带来房价的大幅度上涨，住房财富效应逐渐显化，对居民家庭民生福祉的影响也逐渐增大。其他控制变量结果与前部分的模型回归结果基本保持一致，由于前文已经进行解释分析，在此不再赘述。

表7-5 不同阶段住房财富分层对民生福祉的影响

	（1） 民生福祉	（2） 民生福祉
	2003–2006	2010–2017
住房财富分层	0.218***	0.478***
	（0.0268）	（0.0578）
控制变量	控制	控制
省份固定效应	控制	控制
时间固定效应	控制	控制
社区异质性	控制	控制
N	13194	4577
PseudR^2	0.0606	0.0647

Standard errors in parentheses，* p < 0.1，** p < 0.05，*** p < 0.01

7.4.4 不同区域住房财富分层对民生福祉的异质性影响检验

由于我国经济发展存在较明显的区域发展不平衡，房地产市场和房价在不同区域也存在不同的特征，由此导致居民家庭住房的财富效应也可能存在一定的区域差别（刘米娜、杜俊荣，2013；王先柱等，2018；Zhang，Zhang，2019），经济发达地区房价上涨加快，住房的财富效应也更大（严金海、丰雷，2012）。因此，住房财富分层对居民家庭民生福祉的影响也可能存在一定的区域差异性。从表 7-6 东、中、西部地区住房财富分层对民生福祉影响的区域差异的检验结果来看，尽管住房财富分层对民生福祉的影响在东、中、西部地区均在 1% 的显著水平上呈正向显著关系，但是东部地区由于经济发展水平整体较高，住房的财富效应总体较大，住房财富分层对民生福祉的正向促进作用最大，中部地区次之，西部地区较小。其他控制变量结果与前部分的模型回归结果基本保持一致，由于前文已经进行解释分析，在此不再赘述。

表 7-6　东、中、西部地区住房财富分层对民生福祉影响的区域差异

	（1） 民生福祉	（2） 民生福祉	（3） 民生福祉
	东部	中部	西部
住房财富分层	0.218***	0.194***	0.146***
	（0.0450）	（0.0310）	（0.0507）
控制变量	控制	控制	控制
社区异质性	控制	控制	控制
时间固定效应	控制	控制	控制
省份固定效应	控制	控制	控制
N	9925	19920	6967
PseudR^2	0.0607	0.0608	0.0763

Standard errors in parentheses，* p < 0.1，** p < 0.05，*** p < 0.01

7.4.5　稳健性检验：工具变量法的进一步检验

通过前一部分的实证分析，本书论证了关于住房资产财富分层对民生福祉的影响，得到了较为显著的模型估计结果。但是由于模型构建过程中，可能存在住房资产和民生福祉之间相互影响的情况，因此可能产生一定的内生性问题，以及模型构建可能存在遗漏变量和测量误差，

这些都可能导致住房资产影响民生福祉的检验结果产生一定的估计偏误，从而对模型估计结果的稳健性产生一定的影响。因此，为了防止模型中的自变量和因变量之间的内生性问题和其他估计偏误可能对本书研究结果产生的偏差，笔者尝试通过工具变量法进行检验。具体来说，居民家庭住房财富效应从宏观上来看直接反映在家庭住房套数的多少。

7.4.6　进一步拓展：住房财富分层、家庭消费结构对民生福祉影响的直接效应和中介效应检验

在前一部分关于住房财富分层对民生福祉的影响研究基础上，本部分通过中介效应模型论证住房财富分层通过影响居民家庭消费结构从而对民生福祉产生影响。具体来说，住房财富越多的家庭越倾向于增加基本生活性消费、耐用品消费和发展型消费支出规模，进而有助于提升居民的民生福祉。同时，随着住房财富的不断增加，住房财富效应越高的家庭越倾向于降低基本生活性消费支出比率，扩大发展型消费支出的比率，加快家庭消费结构的升级。表7-7、表7-8和表7-9、表7-10分别表示住房分层带来的住房财富效应差异对居民基本生活性消费、发展型消费和耐用品消费以及消费结构升级的影响，进而对民生福祉产生直接效应和中介效应。

7.4.6.1 对居民家庭基本生活性消费的影响分析

表7-7是关于住房财富分层、基本生活性消费影响民生福祉的中介效应模型。从检验结果来看，模型（1）表明，居民家庭住房拥有套数越多，住房财富效应越明显，住房财富分层对居民家庭民生福祉影响也就越高。模型（2）表明，住房财富分层越高的家庭倾向于增加居民家庭的吃、穿、住、行等基本生活性消费方面的支出规模。模型

（3）表明，将住房财富效应和居民基本生活性消费支出同时加入模型当中，住房财富分层对民生福祉的影响依然显著。同时，住房财富效应通过影响居民家庭基本生活性消费支出，进而促进居民家庭的民生福祉。这说明居民家庭住房财富的高低分层通过影响居民家庭的基本生活性消费支出，进而影响民生福祉，具有显著的直接效应和中介效应。对于各个影响民生福祉的其他控制变量而言，由于其显著性基本与前一部分的实证结果保持一致，且不是本书分析的重点，为避免赘述，采用大多数学者们的一贯做法，在此不再进行重复解释分析。同时，为了进一步验证基本生活性消费的中介效应，本书通过 Bootstrap 检验法，设置重复抽样 5000 次，获取中介效应的对应置信区间，发现由于置信区间在同一侧不经过 0，这表明中介效应是显著的，说明住房财富分层通过影响居民基本生活性消费进而影响居民的民生福祉。

表 7-7 住房财富分层、基本生活性消费、民生福祉的影响

	（1） 民生福祉	（2） 基本生活性消费	（3） 民生福祉
住房财富分层	0.297***	0.164***	0.256***
	（0.0259）	（0.0143）	（0.0397）
基本生活性消费			0.230***
			（0.0319）
控制变量	控制	控制	控制
社区异质性	控制	控制	控制
时间固定效应	控制	控制	控制
省份固定效应	控制	控制	控制
N	14973	7054	7050
PseudR^2	0.0648	0.440	0.0713

注：*、**、*** 是 P 值显著性水平，分别代表在 10%、5%、1% 上的统计水平上显著。

7.4.6.2 对居民家庭发展型消费的影响分析

从表7-8关于住房财富分层、发展型消费影响民生福祉的中介效应模型检验结果来看，模型（1）表明，住房财富越多，对居民家庭民生福祉影响的也就越大。模型（2）表明，住房财富越多的家庭，越倾向于增加居民家庭的发展型消费支出的规模。模型（3）表明，将住房财富分层和居民发展型消费支出规模同时加入模型当中，两者对民生福祉的影响依然显著。这说明居民家庭住房财富分层的高低通过影响居民家庭的发展型消费支出，进而影响民生福祉，具有显著的直接效应和中介效应。对于各个影响民生福祉的其他控制变量而言，由于其显著性基本与前一部分的实证结果保持一致，且不是本部分分析的重点，为避免赘述，采用大多数学者们的一贯做法，在此不再进行重复解释分析。同理，为了进一步验证发展型消费的中介效应，本书通过 Bootstrap 检验法，设置重复抽样 5000 次，获取中介效应的对应置信区间，检验发现由于置信区间在同一侧不经过 0。这表明中介效应是显著的，说明住房财富分层通过影响居民发展型消费支出进而影响居民的民生福祉。

表7-8　住房财富分层、发展型消费支出与民生福祉的中介效应模型检验

	（1） 民生福祉	（2） 发展型消费	（3） 民生福祉
住房财富分层	0.297***	0.273***	0.269***
	（0.0259）	（0.0221）	（0.0401）
发展型消费			0.0955***
			（0.0210）
控制变量	控制	控制	控制
社区异质性	控制	控制	控制
时间固定效应	控制	控制	控制

续表

	（1） 民生福祉	（2） 发展型消费	（3） 民生福祉
省份固定效应	控制	控制	控制
N	14973	6856	6852
PseudR²	0.0648	0.226	0.0696

注：*、**、***是 P 值显著性水平，分别代表在 10%、5%、1% 上的统计水平上显著。

7.4.6.3 对居民家庭耐用品消费的影响分析

从表 7-9 关于住房财富分层、耐用品消费影响民生福祉的中介效应模型检验结果来看，模型（1）表明，住房财富越多，对居民家庭民生福祉的影响越大。模型（2）表明，住房财富效应越高的家庭，越倾向于提高家庭耐用品消费的规模。模型（3）表明，将住房财富分层和居民耐用品消费同时加入模型当中，住房财富分层对民生福祉的影响依然显著，同时，住房财富分层通过影响居民家庭耐用品消费，进而对居民家庭民生福祉产生显著的直接效应和中介效应。对于各个影响民生福祉的其他控制变量而言，由于其显著性基本与前一部分的实证结果保持一致，且不是本书分析的重点，为避免赘述，采用大多数学者们的一贯做法，在此不再进行重复解释分析。同理，为了进一步验证耐用品消费的中介效应是否存在，本书通过 Bootstrap 检验法，设置重复抽样 5000 次，获取中介效应的对应置信区间，检验发现由于置信区间在同一侧不经过 0，这表明中介效应是显著的，说明住房财富分层通过影响居民耐用品消费进而影响居民的民生福祉。

表7-9 住房财富分层、耐用品消费与民生福祉的中介效应模型检验

	（1）民生福祉	（2）耐用品消费	（3）民生福祉
住房财富分层	0.285***	0.849***	0.227***
	（0.0248）	（0.0339）	（0.0254）
耐用品消费			0.416***
			（0.0419）
控制变量	控制	控制	控制
社区异质性	控制	控制	控制
时间固定效应	控制	控制	控制
省份固定效应	控制	控制	控制
N	16,030	16,031	16,021
PseudR^2	0.0638	0.2188	0.0663

注：*、**、*** 是 P 值显著性水平，分别代表在 10%、5%、1% 上的统计水平上显著。

7.4.6.4 对居民家庭消费结构升级的影响分析

在考察住房财富分层与居民家庭基本生活性消费支出、发展型消费支出以及耐用品消费支出对民生福祉产生的影响之后，本书进一步分析住房财富分层对居民消费结构优化的影响，分别用基本生活性消费支出和发展型消费支出在家庭总支出的占比来表示，实证结果表7-10表明，住房财富分层对居民家庭的基本生活消费占比的影响在1%的显著水平上呈负向影响，影响系数为 -0.0118，住房财富效应对居民家庭的发展型生活消费占比的影响在1%的显著水平上呈正向影响，影响系数为0.0155，这说明居民家庭住房财富越多，越倾向于降低基本生活性消费支出比例，提高发展型消费支出的比例，从而实现家庭消费结构的升级。对于各个影响民生福祉的其他控制变量而言，由于其显著性基本与前一部分的实证结果保持一致，且不是本部分分

析的重点，为避免赘述，采用大多数学者们的一贯做法，在此不再进行重复解释分析。

表 7-10 住房财富分层对居民家庭消费结构优化的影响分析

	（1） 基本生活消费占比	（2） 发展型消费占比
住房财富分层	−0.0118***	0.0155***
	（0.00361）	（0.00360）
控制变量	控制	控制
社区异质性	控制	控制
省份固定效应	控制	控制
时间固定效应	控制	控制
N	7956	7956
PseudR^2	0.019	0.059

注：*、**、*** 是 P 值显著性水平，分别代表在 10%、5%、1% 上的统计水平上显著。

7.5 本章小结

本章基于马克斯·韦伯多元社会分层经济秩序的核心"财富"，以及财富突出地表现为社会群体的生活机遇也即物质需求的消费能力，对我国住房财富分层影响民生福祉的理论机制和实证检验进行分析。首先，通过引言提出住房财富分层 ying'xiang 民生福祉的研究背景和研究意义。在此基础上，通过国内外的相关文献综述，指出现有研究的不足，提出本书的研究问题和研究目的。其次，通过影响机制分析，提出本章的研究假说。在此基础上通过模型构建和数据指标的选取，进行实证分析。其一，实证检验了住房财富分层对民生福祉的整体影响。从而论证了居民家庭住房越多，住房财富效应也就越明显，住房分层对民生福祉的影响也就越大，这与主要学者的研究结论保持了高度的一致性。在此基础上，本书对样本进行无住房家庭、一套住房家庭、两套住房家庭以及两套以上住房家庭的分类实证检验，论证了不同家庭异质性条件下，住房财富效应差异对居民家庭民生福祉的影响差异。住房财富效应的显化是建立在刚性需求和改善性需求得到满足的基础之上的逐步释放过程，由于一套住房家庭对住房的刚性需求和二套住房家庭的改善性需求的原因，两套以上的多套住房家庭的住房财富效应才得到真正释放，因此民生福祉也最高。其二，实证分析了不同时间阶段和东、中、西部地区住房财富效应对民生福祉影响的异质性。研究发现，住房财富效应对民生福祉的影响会随着不同时期房价的变化产生阶段性差异。从区域来看，东部地区住房财富效应对民生福祉影响最大，中部地区和西部地区次之。在此基础上，本书通过工具变量法进行模型的稳健性检验，以解决模型可能存在的内生性问题和估计偏差，得到了较为一致的研究结论。最后，本章进一步对住房财富分层对民生福祉的影响进行拓展。通过中介效应模型实证检验了住房财富效应通过影响居民家庭的基本生活性消费支出规模、发展型消费支出规模、耐用品消费支出规模进而对民生福祉产生影响，同时也论证了住房财富分层对居民消费结构升级的显著影响。验证了前一部分提出的研究假说4、假说5和假说6的正确性。

　　本章的创新之处在于，首先论证了居民家庭住房财富分层，也即以家庭住房拥有状况为表征的住房财富效应对民生福祉的影响，并得到了与一些学者（林江等，2012；孙伟增、郑思齐，2013；Zhang，Zhang，2019）较为一致的结论。在此基础上，本章对现有文献的研究领域进一步研究拓展，从马克斯·韦伯多元社会分层理论的经济秩序及其所对应的核心内涵"财富"的维度，以及马克斯·韦伯指出的财富突出地表现为社会群体在市场当中满足其物质需求消费能力这一重要机制，将居民家庭住房产权的获得延伸到住房资产财富的拥有，从而将居民家庭住房拥有状况演化到对住房财富分层的分析，从住房拥有状况带来的住房财富效应分层对民生福祉的影响，尤其是住房财富分层对居民家庭消费支出规模和结构的影响的视角展开分析，进而论证了住房财富效应通过显著增加居民家庭基本生活性消费支出、发展型消费支出和耐用品消费支出，而且降低基本生活性消费比例，增加发展型消费的比例，进而对民生福祉产生显著的直接效应和中介效应影响。这一研究结论进一步验证了马克斯·韦伯多元社会分层经济秩序及其核心"财富"，以及财富突出地表现为社会群体的满足其物质需求的消费能力，这一命题是我国住房分层影响民生福祉的重要解释力。这也是以往的理论和实证研究均未能给予充分关注之处。

第8章　住房社区分层影响民生福祉的实证分析

　　本章将基于马克斯·韦伯多元社会分层的社会秩序及其核心"身份"，从住房社区分层的视角论证住房分层对民生福祉的影响。首先，本章通过引言提出住房社区分层影响民生福祉的研究背景和研究意义。其次，通过国内外的相关文献综述，指出现有研究的不足，从而提出本书的研究视角和待解决的研究问题。在此基础上，通过社区分层带来的住房社区居住空间品质差异、社区空间排斥、居民社会交往融入与社会身份认知差异等角度论证住房社区分层对民生福祉的影响机制，提出研究假说。然后，通过模型构建和CGSS微观数据的指标选取进行实证分析。其一，实证检验不同住房社区类型对民生福祉的影响差异。其二，实证检验正式社区和非正式社区住房对家庭民生福祉的影响。接着，为了保证估计结果的稳健性和防止模型存在的内生性问题带来的估计偏差，本书将通过工具变量法进行模型的稳健性检验，本书将选取居民家庭成员的工作单位性质是否在体制内外和个体学历程度高低作为工具变量进行检验，以解决模型可能存在的内生性问题和估计偏差。最后，本书将进一步拓展住房社区分层影响民生福祉研究的深度，通过中介效应模型检验住房分层对民生福祉的影响机制，从而论证住房社区分层通过影响居民社会生活交往融入过程中的社会身份地位认知，进而影响居民家庭的民生福祉。以检验住房社区分层对民生福祉是否存在显著的直接效应和中介效应影响，进而验证研究假说 7、假说 8 和假说 9 的正确性。

8.1 引言与问题的提出

住房不仅是满足居民家庭基本居住消费权利和获得资产财富的载体，更是居民家庭进行社会公共生活空间交往以及人与人之间关系的纽带。它将城市居民家庭和城市地理空间结合在一起，形成城市空间上的"精神共同体"。社区中的人群具有共同的利益和问题，具有共同结合起来进行工作生活并在这一过程中产生某些共同的行为规范、生活方式和社区意识，如共同的文化传统、民俗、归属感，它们共同构成了社区人群的文化维系力（郑杭生，2019）。因此，社区涵盖了一定的自然环境、公共服务、人文环境、生活方式和社会交往关系（李强，2009），社区宜居性品质和社会关系的融合关系到居民生活质量的高低，也关系到社会的和谐稳定，对居民家庭民生福祉具有十分重要的影响。然而，从社会现实来看，近年来关于不同住房社区由于公共服务空间品质差异和社会交往关系融入导致的社会矛盾争端越来越多。这尤其突出地表现在"商品房"社区和"公租房"社区居住群体之间建起的"围墙"。

因此，社区建设一直是政府社会民生工作高度关注的领域，不断推动社区和谐发展一直是国家经济社会发展的重要目标，也是提升社区基层治理能力，实现国家治理体系和治理能力现代化的重要内容。《中共中央关于制定国民经济和社会发展第十四个五年规划和二〇三五年远景目标的建议》中明确提出"推进以人为核心的新型城镇化，实施城市更新行动，加强城镇社区建设"，实现"改善人民生活品质"和"不断增强人民群众获得感、民生福祉、安全感，促进人的全面发展和社会全面进步"。因此，研究住房社区对民生福祉的影响具有十分重要的理论和现实意义。

从历史的维度来看，我国城市社会的基层单元经历了从"单位—街居制"向"社区制"的转变，这种制度的转变与我国住房制度改革由"单位福利分房"向"住房市场化商品化"转变息息相关（郑杭生，2019）。住房社区是以一定地理区域为基础的社会共同群体（何肇发，2001），兼有人群和地域两大要素，是社会空间和地理空间的结合，是进行一定的社会活动并具有某种互动关系和共同文化维系力的人类群体及其活动区域（刘精明、李路路，2005）。在城镇化快速发展的今天，中国城市正在经历剧烈快速的空间变化、人口流动和制度变革，由于社区原有制度因素的影响，传统社会意义上的社区仍未消失，只是由于卷入城市化和现代化的程度不同，城市中不同类型的社区是有差别的，具有不同的特质（黎熙元、陈福平，2008）。城市社会结构的分化、人口的流动、社会群体的分化与重组等原因使得城市社区的异质性大大提高，我国城市社区的发展越来越呈现出多样化的趋势（郑杭生，2019）。因此，居住模式对居民社会群体认知的影响以及由此带来的社会分层结构和居住空间之间的关系很早就为研究者所注意（刘精明、李路路，2005）。

关于中国住房社区分层的研究主要包括居民家庭住房社区类型（徐勇，2002；邓大伟、诸大建，2009；魏淑娟、程赛琰，2014；郑杭生，2019）、社区分层的形成机制（刘精明、李路路，2005；黎熙元、陈福平，2008；李强，2009；蒋亮、冯长春，2015）、城市社会分层下的居民居住隔离（黄怡，2006）、社会群体认知（李斌，2013；张海东等，2017；张传勇等，2020）和对民生福祉的影响等研究（丁述磊，2016；郭进等，2018；刘晔等，2019）。尽管学者们已经开始意识到社区居住隔离带来的社会问题，但是，目前已有的研究尚未从住房社区分层对民生福祉的影响进行研究。尤其是在当前我国城镇化和人口流动不断加快的背景下，城市房价不断高涨对城市住房的社区空间"过滤"呈现出什么样的分层秩序？这种分层秩序对居民的民生福祉认知带来什么样的影响？这种影响的逻辑机制是什么？这种机制的背后反映的深层次原因是什么？这种居住空间分层与西方的空间居住隔离的形成机制有什么异同？这些都是本书要分析和回答的重要命题。

　　本章的研究贡献在于，基于马克斯·韦伯的多元社会分层理论，从社会秩序所对应的身份的维度来分析住房社区分层对民生福祉的影响。本书认为，在当前我国城镇化和人口流动不断加快的背景下，城市房价不断高涨对城市居民家庭的住房空间"过滤"，使得住房分配格局在空间上表现为住房社区分层秩序。在此基础上，论证了不同社区类型对民生福祉的影响差异，以及正式社区和非正式社区分层对民生福祉的影响差异。本书认为住房社区分层通过社区空间公共服务宜居性品质差异、居民社会融入和社会群体身份认同对民生福祉产生影响。中国的住房社区分层产生的社会基础是新旧住房分配制度转轨下的政府与市场力量的双重嵌入，以及城镇化快速发展与城市公共服务供给的不平衡不充分矛盾对全社会住房空间选择所产生的影响。

8.2 住房社区分层对民生福祉的影响机制与研究假说

从马克斯·韦伯社会分层理论中的社会秩序角度来看，社会秩序的核心是身份，住房在城市空间的集聚形成的住房社区会作为相对稳定的社会网络关系，促进富有社会经济和社会地位的符号和相对稳定的生活模式的形成（李强，2009）。社区汇集着在生活条件和生活机遇上相似的人群，居住空间上的分化特征并非单纯的社会分层现象，同时也是一种导致社会化、社会封闭趋势显性化的重要机制（刘精明、李路路，2005）。住房社区分层对民生福祉的影响主要通过以下机制，如图8-1所示。

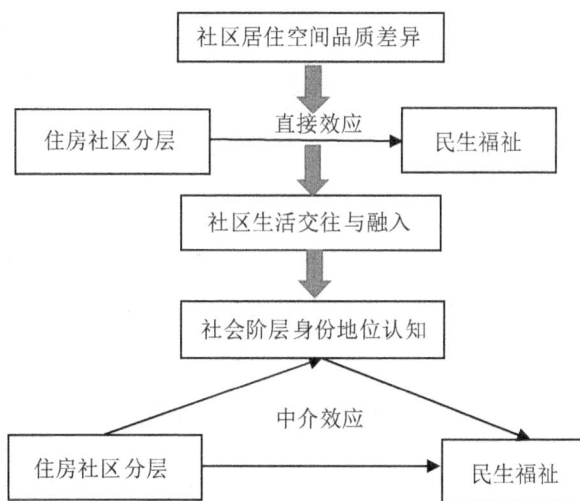

图 8-1 住房社区分层影响民生福祉的逻辑机制示意图

8.2.1 住房社区分层影响民生福祉的基础：以社区公共服务为基础的居住空间品质差异的视角

住房社区分层对民生福祉的影响，首先体现在社区以公共服务配套设施和公共资源为核心的社区居住空间的品质差异。住房在空间上集聚形成的社区是居民生活的重要空间载体，住房社区公共服务配套设施的完善程度和可及性对居民生活质量和民生福祉有直接的影响。住房社区中包含了社区环境、子女入读的学校以及周边的商店、医院、休闲娱乐设施等，形成了相对稳定的生活模式（李强，2009），是社会分层体系的一个重要维度，是衡量大都市空间资源分配不公的一种重要工具（Shlay，Anne，2015）。尤其是当前中国城市正在经历剧烈快速的空间变化、人口流动和制度变革过程，由于社区原有制度因素的影响，传统社会意义上的社区仍未消失，只是由于卷入城市化和现代化的程度不同，今天中国城市中不同类型的社区是有差别的，具有不同的特质（黎熙元、陈福平，2008）。

从城镇化发展进程中的社区形成方式、居住方式、社区环境、生活方式和居民构成等多维度综合来看，我国社区形式主要包括以下几种类型：一是传统街坊社区也即老旧城区，这类社区主要以老旧街坊为主，居民住宅、商业、工业混合，社区公共设施不足、商业配套有限、住宅条件较为拥挤；二是单位型社区，这种社区一般隶属于单位如政府、高校、国企和科研院所等，社区主要由隶属单位自主管理，社区居民居住和工作场地重合性较强，这一社区的居住群体同质性强，社区居民关系相对较为稳定；三是商品房住宅社区，这类社区产生于住房商品化改革以后，社区建设较为完善，空间封闭性比较强，引入专业化物业管理，社区服务配套总体较高；四是过渡性边缘社区又叫城中村，这类社区属于农村向城市演替的社区，在地理空间上处于城乡接合部或城郊，具有边缘性和过渡性（徐勇，2002）。城中村在城市规划管理和土地利用等物质空间较为混乱，经济发展相对落后，公共服务和配套设施几近空白，流动人口居住混乱，是犯罪多发地带（叶裕民、牛楠，2012）；五是保障性住房社区，这种社区类型主要是政府为城市低收入群体提供的保障性住房社区，保障性住房大多有位于城市边缘、交通不便、配套不全和服务水平低等特点（邓大伟、诸大建，2009）。因此，不同社区类型由于社区公共服务配套资源的差异和可及性，直接影响着住房社区空间的宜居性，对居民的民生福祉产生重要的影响（丁述磊，2016；赵洁、杨政怡，2017）。单位房社区作为一种福利分房，是特殊历史时期的住房社区类型，单位房由于建筑年代久、住房居住舒适度较低、社区配套设施相对较差和社区服务水平相对不高，其居民的民生福祉可能低于商品房社区居民的民生福祉。同时，从住房社区的现代化生活品质要求来说，不同住房社区的住房建筑单元的拥挤程度，住房社区的安全性以及是否引入市场化、专业化、现代化社区物业管理服务（Liu et al.2013；Ouyang et al.2017）等方面存在巨大的差别。总体来说，正式社区的居住拥挤程度、社区安全性较强，社区公共基础设施较为完善，引入了市场化、专业化、现代化的物业管理服务公司，居住品质较高；而非正式社区由于人员混杂、居住拥挤、社会治安状况较差、没有引入市场化专业化的物业服务公司，居住生活体验较差，从而带来显著的民生福祉差异。不同社区类型下的居住空间品质差异对民生福祉的直接效应影响逻辑如图8-2所示。

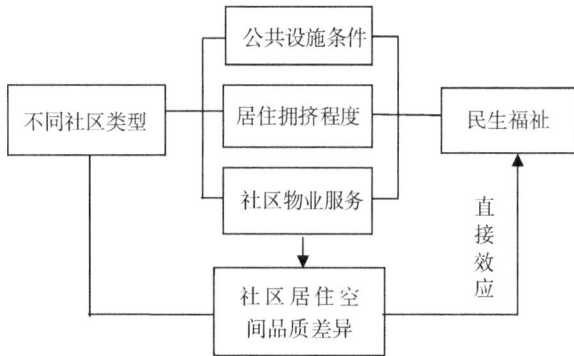

图8-2 不同社区类型下居住空间品质差异对民生福祉的直接效应影响示意图

8.2.2 住房社区分层影响民生福祉的深化：社区居住空间品质差异、社区空间排斥与居民社会交往融入

如前所述，不同社区空间存在公共物品的宜居性品质和公共利益差异，又由于社区作为人们生活居住的聚集地，包含了复杂的社会交往网络关系，不同社区社会利益群体会出于自利性目的，在群体阶层内部不断维护并巩固这一利益，而对外排斥其他阶层群体的进入（李强，2009），社区空间排斥由此产生，这种空间排斥进而影响着居民的社会交往融入。因此，住房社区分层对民生福祉的影响更深刻地体现为住房社区分层对居民社会交往和社会融入感的影响，从而对民生福祉产生重要的中介效应影响。具体来看，由于住房社区具有较强的社会属性，它既是人们生活、社交的相对聚集地，同时也是连接居民家庭通往社会交往关系网络的重要媒介和载体，因此，社区的核心内容是人们的各种社会活动及其互动关系（郑杭生，2019）。住房对于家庭而言不仅是一个栖身的场所，还包含了居住者对于自然环境、人文环境、交往对象和生活方式的选择。它汇集着在生活条件和生活机

遇上相似的人群，居住空间上的群体分化并非单纯的社会分层现象，同时也是一种导致社会化、社会封闭趋势显性化的重要机制（刘精明、李路路，2005）。一方面，不同居民群体在城市空间上的集聚形成的住房社区会成为相对稳定的社会网络关系，如邻里关系、社区环境、公共设施等，形成一定的社会生活交往空间。这对居民来说具有广泛的社会意义，促进了社区居民富有社会经济和社会地位的符号与相对稳定的生活模式的形成（李强，2009）。同时，这种稳定的社会关系和生活模式还会对其他群体在准入机制和资格门槛上形成无形的社会群体排斥，从而维持某一特定群体的社区网络关系和社会生活方式，成为进一步制约不同群体的社会交往关系和社会融入的重要社区隔离带，进而对居民的民生福祉产生重要的影响。住房社区分层、社会交往融入对民生福祉的中介效应影响逻辑如图 8-3 所示。

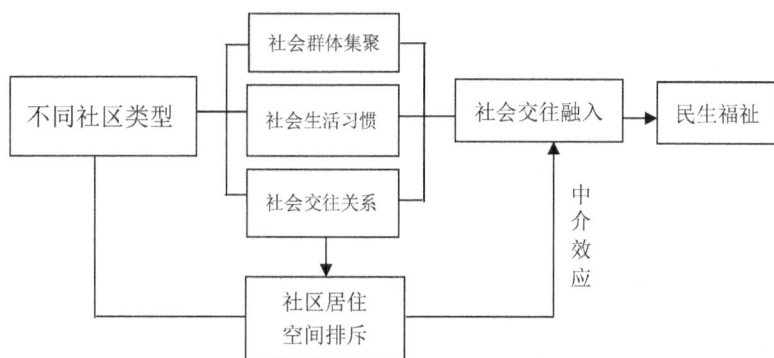

图 8-3　住房社区分层、社会交往融入对民生福祉的中介效应影响示意图

8.2.3　住房社区分层影响民生福祉的进一步拓展：社区空间排斥、居民社会阶层身份地位认知

如前所述，不同社区的公共设施的宜居性品质和公共利益差异，

导致不同社区利益群体出于自利性目的，在群体内部不断维护并巩固这一利益，而对外排斥其他群体的进入，随着这一社会关系网络的不断稳定，社会阶层身份高低的认知便产生了。马克斯·韦伯社会分层理论认为社会秩序的核心是身份，是指特定生活方式下和社会交往关系下人们的社会阶层身份认知。就马克斯·韦伯社会分层理论中的社会秩序而言，住房社区分层对民生福祉的影响还体现在住房社区在社会活动和互动关系中的符号化，从而对居民社会身份认同产生重要影响。社区是以一定地理区域为基础的社会共同群体（何肇发，2001），兼有人群和地域两大要素，是社会空间和地理空间的结合（郑杭生，2019），是进行一定的社会活动、具有某种互动关系和共同文化维系力的人类群体及其活动区域。社区中的人群具有共同的利益和问题，具有共同结合起来进行工作生活，并在这一过程中产生某些共同的行为规范、生活方式及社区意识，如共同的文化传统、民俗和归属感等，它们共同构成了社区人群的文化维系力（郑杭生，2019），以住房"社区品质"和"符号区隔"为代表的住房因素对居民家庭社会群体认知和社会分化产生显著的影响（张海东等，2017；张传勇等，2020），住房环境条件、社会融入导致居民身份认同面临很多障碍，从而带来城市移民人群的民生福祉缺失（郭进等，2018）。住房社区分层、社会身份地位认知与民生福祉的中介效应影响逻辑如图 8-4 所示。

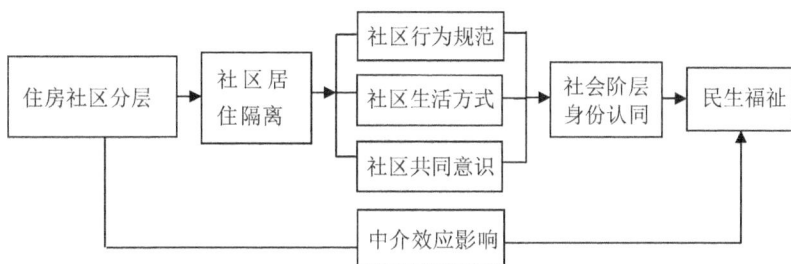

图8-4　住房社区分层、社会阶层身份地位认知与民生福祉的中介效应影响示意图

8.2.4　研究假说

根据以上关于住房社区分层影响民生福祉的理论机制分析，本部分提出以下待验证的研究假说命题。

假说7：不同社区类型由于公共服务资源配套水平不同，导致不同社区居住空间品质的差异，从而对民生福祉产生显著的差异化影响。与普通商品房社区相比，老旧城区、单位房社区、城中村社区和保障房社区的居民民生福祉均低于普通商品房社区，高级商品房小区居民的民生福祉高于普通商品房社区。

假说8：对于正式住房社区和非正式住房社区而言，基于住房居住单元的拥挤程度，住房社区的安全性以及是否引入市场化、专业化、现代化的社区物业管理服务，存在巨大的居住空间品质差异。总体而言，居住在正式社区的群体比居住在非正式社区的群体拥有更高的民生福祉。

假说9：住房社区分层带来不同社会群体的居住隔离和社会空间排斥，从而影响居民的社会融入和社会阶层身份地位认知，并最终对民生福祉产生显著的影响。居住在正式社区的居民家庭拥有比居住在非正式社区的居民家庭更高的社会交往与融入水平以及更高的社会阶层身份地位认知，进而对民生福祉产生十分显著的中介效应影响。

8.3 模型构建、变量选择与数据说明

8.3.1 模型构建

本部分构建住房社区分层对民生福祉影响的实证分析模型，并通过 CGSS 进行检验。首先，通过构建住房社区分层与民生福祉的关系模型（1）。

$$happy_i=\partial_0+\partial_1 hcommunity_i+\partial_i X_i+\varepsilon_i \qquad （1）$$

其中，$happy_i$ 代表民生福祉，$hcommunity_i$ 是以居民家庭住房社区类型差异为表征的住房社区分层变量，X_i 代表一组影响民生福祉的控制变量，包括性别、年龄、身高、收入等因素。本章通过模型（1）来检验住房社区分层对民生福祉的直接效应。在模型（1）的基础上，本章为了识别住房社区分层变量是否通过居民社会交往融入和地位认知对民生福祉产生影响的中介效应，进一步构建模型（2）和模型（3），与模型（1）共同组成联立方程，来验证住房社区分层变量影响民生福祉的中介效应。

$$social_i=\beta_0+\beta_1 hcommunity_i+\beta_i X_i+\varepsilon_i \qquad （2）$$

$$happy_i=\gamma_0+\gamma_1 hcommunity_i+\gamma_2 social_i+\gamma_i X_i+\varepsilon_i \qquad （3）$$

在方程（1）、方程（2）和方程（3）中，∂、β、γ 为主要变量的系数，三个方程构造的中介效应模型逻辑如图 8-5 所示。根据中介效应模型的含义，在上式中，方程（1）的系数 ∂_1 是住房社区分层变量对民生福祉的总效应；方程（2）的系数 β_1 是住房社区分层变量对居

民社会交往融入和社会身份认知的影响；方程（3）中的 γ_1 是控制了居民社会交往融入和社会身份认知对民生福祉的影响后，住房社区分层变量对民生福祉产生影响的直接效应，γ_2 是控制了住房社区分层变量对民生福祉的影响后，住房社区分层变量通过影响居民社会交往融入和社会身份认知，进而对民生福祉产生中介效应的影响。

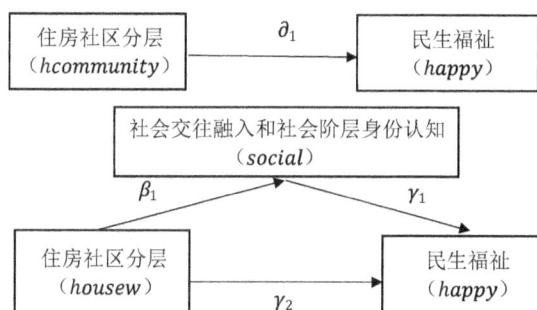

图8-5 住房社区分层与民生福祉的模型示意图

8.3.2 变量选择与数据说明

表8-1 指标选取与解释说明

解释变量名称	变量说明	代表含义
是否幸福	从非常幸福到非常不幸福为：5 → 1	表示民生福祉程度，序数越大，则民生福祉越强
住房社区类型	由被调查者填写数字1、2、3、4等，编号代表不同社区类型	未经改造的老旧城区（街坊型社区）为1；单一或混合的单位社区为2；保障性住房社区为3；普通商品房社区为4；别墅区或高级住宅区为5；新近由农村社区转变过来的城市社区（城中村、村改居，村居合并）为6。以此来表示住房社区分层
性别	男 =1，女 =0	用来衡量民生福祉的性别差异
收入	由居民真实收入数据作取对数处理得出	用来衡量收入对民生福祉的影响

解释变量名称	变量说明	代表含义
年龄	由调查年份与出生年份作差计算后作取对数处理得出	用来衡量年龄对民生福祉感认知的影响
年龄平方项	由年龄的乘方计算得出	用来衡量年龄对民生福祉感认知的非线性关系
婚姻	结婚为1，其他为0	用来衡量婚姻状况对民生福祉认知的影响
健康状况	非常健康到非常不健康为：5→1	序数越大，则表示身体越健康，进而反映身体健康状况对民生福祉认知的影响
教育程度	文盲为0，小学为1，初中为2，高中为3，中专、技校为4，大学、大本为5，硕士及以上为6	序数越大，受教育程度越高，用来反映人力资本对民生福祉感认知的影响
单位类型	党政机关、军队、国有事业单位为1，其他为0	用来反映工作单位对民生福祉的影响

8.3.3　数据的描述性统计分析

表 8-2 是关于住房社区分层对民生福祉的影响研究中所涉及的相关变量指标的观测值、平均值、标准误、最小值和最大值的统计性描述分析。同时，从不同住房社区类型的民生福祉高低水平来看，按民生福祉观测平均值由高到低依次为：别墅和高级住宅社区、单位房社区、普通商品房社区、保障房社区、城中村社区、老旧城区，不同住房社区类型样本占比和民生福祉状况如图 8-6 和图 8-7 所示。

表 8-2　变量的描述性统计

变量名称	观测值	平均值	标准误	最小值	最大值
民生福祉	58144	3.6981	0.8456	1	5
社区类型	37440	2.9706	1.6697	1	6
住房拥有总数量	54591	1.0152	0.6563	0	14
社会身份地位认知	56448	3.7762	1.8918	1	10

变量名称	观测值	平均值	标准误	最小值	最大值
工作单位性质	58200	0.5037	0.4999	0	1
性别	58200	0.4740	0.4993	0	1
年龄	58197	46.0319	16.1524	15	103
婚姻	58199	0.7769	0.4162	0	1
教育程度	58159	2.6053	1.3653	0	6
健康状况	52281	3.5164	1.2761	1	6
亲戚朋友交往关系频繁程度	22430	2.9852	1.1720	1	5
年龄	58197	3.7627	0.3752	2.7080	4.6347
收入	47007	9.7229	1.0934	2.9957	16.1181
年龄平方项	58197	14.2992	2.7735	7.3335	21.4807

图8-6　不同社区类型分层群体样本的占比状况

民生福祉

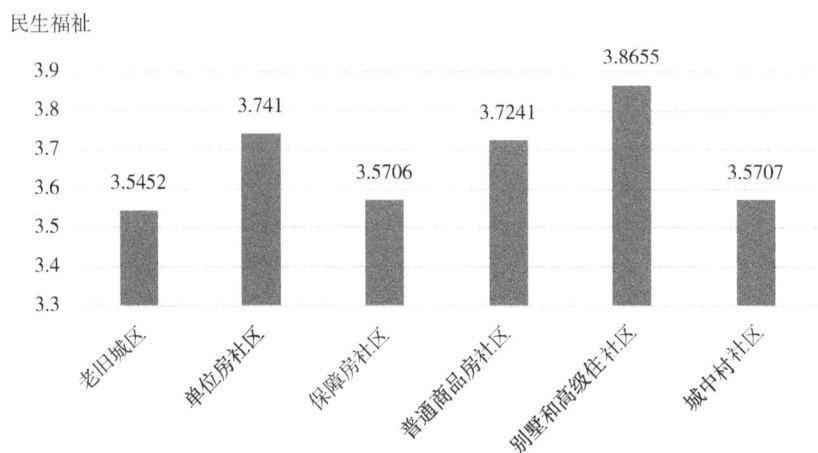

图8-7 不同社区类型为表征的社区分层下的民生福祉平均水平统计概况

8.4 实证检验

本部分在前一部分的理论分析和模型构建的基础上，通过 CGSS 数据，对马克斯·韦伯多元社会分层理论社会秩序维度下的住房社区分层对民生福祉的影响进行实证分析。首先，从不同住房社区阶层对民生福祉的影响、正式社区和非正式社区住房分层对民生福祉的影响进行分析。在此基础上，为了保证估计结果的稳健性，通过工具变量的方法进行稳健性检验，以解决模型的内生性问题，得到了较为稳健的估计结果。最后，根据马克斯·韦伯多元社会分层理论社会秩序维度下的核心内涵，即社会分层的核心是不同社会交往关系和由此导致的不同社会阶层身份，进一步深化和拓展本部分的研究，从而对住房社区分层通过居民社会交往融入和社会阶层身份地位认知这两种重要机制对民生福祉产生中介效应影响。

8.4.1 以不同住房社区类型为表征的住房社区分层对民生福祉的影响检验

本部分先是对以不同住房社区类型为表征的住房社区分层对民生福祉的影响进行分析，从表 8-3 的实证结果来看，以普通商品房社区为参照组，居住在老旧城区的家庭民生福祉在 1% 的显著水平上低于普通商品房 0.195 个单位，这主要是因为老旧城区由于配套设施不足、居住拥挤、社区宜居性品质与商品房相比较差所导致的。而普通商品房社区在基础设施配套和专业化、市场化的物业管理服务等方面相对较为规范，因此普通商品房社区的家庭民生福祉比老旧城区的高。单位房社区的家庭民生福祉在 1% 的显著水平上低于普通商品房 0.156 个单位，这可能是由于单位房社区大多是改革开放之前或者 20 世纪八九十年代的老旧社区，与现代化的商品房社区相比，在居住功能和社区环境上相对较差，社区公共设施和服务水平相对不够完善，因此其民生福祉低于现代商品房社区。保障性住房的家庭民生福祉在 10% 的显著水平上低于普通商品房社区 0.127 个单位，这可能主要是由于过去的保障性住房建设整体上存在城市位置偏僻、配套设施不足、社区服务水平不高等问题，因此居住民生福祉较差。别墅和高级住宅社区的家庭民生福祉在 1% 的显著水平上比普通商品房社区高出 0.390 个单位，这是由于别墅和高级住宅社区在社区居住品质和社区配套服务上水平较高，因此居住民生福祉较高。城中村社区的家庭民生福祉在 1% 的显著水平上低于普通商品房社区 0.168 个单位，这主要是由于城中村大多位于农村向城市蔓延的城乡接合部或者郊区，城市公共服务配套设施不够齐全，社区宜居性品质也不够高，因此居住民生福祉相对于普通商品房较差。整体来看，模型结果很好地验证了研究假说 7 的正确性。

控制变量当中，居民家庭住房拥有状况对民生福祉的影响在 1% 的显著水平上呈显著的正向影响，这说明居民家庭住房获得以及多套住房的财富效应获得能够显著提升民生福祉。性别因素对民生福祉的影响当中，女性在 1% 的显著水平上比男性拥有更高的民生福祉，这可能是由于不同性别在社会中扮演的角色不同，男性比女性面临的社会竞争压力更大所导致的。年龄对民生福祉的影响存在倒"U"型关系，这可能是由于一般情况下，人在年龄较小的时候尚未面临生活工作的压力，民生福祉较高。随着年龄的增大，生活和工作社会竞争压力变大，民生福祉较低。但是到年龄较大以后，逐渐退出职业生涯，家庭积蓄较多和生活工作压力较小，民生福祉也相对较高。就婚姻状况而言，结婚群体比非结婚群体拥有更高的民生福祉，这可能是由于总体来看，婚姻能带来物资和情感的相互支持，生活民生福祉也就越高。收入对民生福祉具有十分显著的正向影响，这说明收入增加能够满足居民各种消费需求，提升民生福祉。

表 8-3　不同住房社区分层类型对民生福祉的影响检验结果

	（1） 民生福祉	（2） 民生福祉	（3） 民生福祉	（4） 民生福祉
老旧城区	−0.676***	−0.409***	−0.386***	−0.195***
	（0.0230）	（0.0300）	（0.0307）	（0.0371）
单位房社区	−0.756***	−0.474***	−0.505***	−0.156***
	（0.0211）	（0.0321）	（0.0335）	（0.0402）
保障房社区	−0.674***	−0.697***	−0.769***	−0.127*
	（0.0564）	（0.0605）	（0.0614）	（0.0670）

续表

	（1） 民生福祉	（2） 民生福祉	（3） 民生福祉	（4） 民生福祉
高级住宅社区	0.0774	0.188	0.336**	0.390***
	（0.0973）	（0.144）	（0.145）	（0.148）
城中村	−0.618***	−0.297***	−0.282***	−0.168***
	（0.0286）	（0.0400）	（0.0413）	（0.0468）
控制变量	控制	控制	控制	控制
省份固定效应	/	/	控制	控制
时间固定效应	/	/	/	控制
PseudR^2	0.0138	0.0266	0.0359	0.0469

Standard errors in parentheses，$* p < 0.1$，$** p < 0.05$，$*** p < 0.01$

8.4.2 以正式社区和非正式社区为表征的住房社区分层对民生福祉的影响检验

在对不同类型的住房社区分层对民生福祉的实证分析的基础上，本部分借鉴国内外学者的研究成果，进一步将不同的住房社区类型划分为正式社区和非正式社区。这主要是由于，总体来说，正式社区和非正式社区的主要区别在于居住单元的拥挤程度、住房社区的安全性以及是否引入现代化的社区管理服务，这些是对居民家庭的社区居住体验和社区交往关系以及人们的民生福祉产生影响的重要因素。模型（1）、模型（2）、模型（3）、模型（4）分别表示未加入控制变量、加入控制变量和分别控制了省份固定效应和时间固定效应、同时控制时间固定效应和省份固定效应的结果。本书仅对模型（4）进行解释。从表8-4的实证结果来看，居住在正式社区的家庭民生福祉要高于非正式社区0.123个单位。整体来看，模型较好地论证了研究假说8的正确性。

控制变量当中，居民家庭住房拥有状况对民生福祉的影响在 1% 的显著水平上呈显著的正向影响，这说明居民家庭住房获得以及多套住房的财富效应获得能够显著提升民生福祉。性别因素对民生福祉的影响当中，女性在 1% 的显著水平上比男性拥有更高的民生福祉，这可能是由于不同性别在社会中扮演的角色不同，男性比女性面临的社会竞争压力更大所导致的。年龄对民生福祉的影响存在倒 "U" 型关系，这可能是由于一般情况下，人在年龄较小的时候尚未面临生活工作的压力，民生福祉较高。随着年龄的增大，生活和工作社会竞争压力变大，民生福祉较低。但是到年龄较大以后，逐渐退出职业生涯，家庭积蓄较多和生活工作压力较小，民生福祉也相对较高。就婚姻状况而言，结婚群体比非结婚群体拥有更高的民生福祉，这可能是由于总体来看，婚姻能带来物资和情感的相互支持，生活民生福祉也就越高。收入对民生福祉具有十分显著的正向影响，这说明收入增加能够满足居民的各种消费需求，提升民生福祉。

表 8-4　正式和非正式住房社区分层对民生福祉的影响检验结果

	（1）民生福祉	（2）民生福祉	（3）民生福祉	（4）民生福祉
正式非正式社区	−0.265***	−0.132***	−0.191***	0.123***
	（0.0161）	（0.0217）	（0.0223）	（0.0285）
控制变量	控制	控制	控制	控制
省份固定效应	/	/	控制	控制
时间固定效应	/	/	/	控制
N	58144	38568	38568	38439
PseudR^2	0.0019	0.0221	0.0316	0.0466

Standard errors in parentheses，* p < 0.1，** p < 0.05，*** p < 0.01

8.4.3　稳健性检验：工具变量法的进一步检验

通过前一部分的实证分析，本章论证了住房社区分层对民生福祉的影响，得到了较为显著的模型估计结果。但是由于模型构建过程中可能存在住房社区类型差异和民生福祉之间的相互影响，因此可能会产生一定的内生性问题，以及模型构建可能存在遗漏变量和测量误差，这些都可能导致产生一定的估计偏误，导致对模型的估计结果稳健性产生一定的影响。因此为了防止模型中的自变量和因变量之间的内生性问题和其他估计偏误可能对研究结果产生的偏差，本章尝试通过工具变量法进行内生性问题的检验。在工具变量的选择上，考虑了我国福利分房和住房体制转轨的制度安排的实际情况，以及代表性学者如边燕杰等（1996），李喜梅（2003），陈钊等（2008），蔡禾、黄建宏（2014）等的相关研究成果。住房市场化改革后，福利分房制度下的受益群体在市场化过程中的住房获取中占据优势地位，个人所在单位性质、职业性质以及社会精英结构在住房分配特别是公房出售过程中具有较大的优势，特别是政府机关、国有事业单位背景的群体和特定工作单位下的社会群体，在福利分房时期的公房分配以及在住房制度改革时期的公房出售中更容易获得公共服务配套和地段位置环境较好的社区，因此个人工作单位性质在体制内外以及学历程度与个人所居住的社区类型有较大的关系。因此，本章分别选取被调查对象的工作单位性质（体制内外）和教育程度作为住房社区的工具变量，进行内生性检验。具体的工具变量检验过程通过两步法工具变量检验，首先，检验所选择的工具变量与住房社区分层变量是否具有高度的相关性，其次，加入工具变量以后进行模型的回归。工具变量的进一步检验表明，在克服了模型的内生性问题之后，正式社区和非正式社区的住房分层对民生福祉仍然保持了较为稳健的显著性。表8-5说明居民工作单位在体制内外与居民居住在正式社区和非正式社区有高度的相关。在加入工具变量后的住房分层与民生福祉关系仍然十分显著，这说明在控制内生性问题后，正式社区和非正式社区对民生福祉仍然具有十分重要的影响，正式社区的民生福祉显著高于非正式社区的民生福祉。工具变量的过度识别检验结果也通过检验，表明不存在工具变量的过度识别问题，工具变量选择较为合适。各个控制的显著性基本上与前一部分的结果一致，为了避免赘述，本部分采用大部分学者的一贯做法，不再逐一对各个控制变量的含义进行分析。

表8-5　以单位性质体制内外为工具变量的内生性检验

	（1）民生福祉		（2）住房社区		（3）民生福祉
正式非正式社区	0.123***	单位性质	0.547***		1.658***
	（0.0285）		（0.0334）		（0.172）
控制变量	控制		控制		控制
省份固定效应	控制		控制		控制
时间固定效应	控制		控制		控制
N	38439	N	38480	N	38439

Standard errors in parentheses，* p < 0.1，** p < 0.05，*** p < 0.01

表8-6是以教育程度作为社会精英代理变量的工具变量回归结果，工具变量的回归结果表明，学历程度与居民居住在正式社区和非正式社区具有高度的相关性，加入工具变量之后，住房分层对民生福祉仍然具有十分显著的影响关系，居住在正式社区的家庭民生福祉高

于非正式社区。这表明在控制了模型可能存在的内生性问题之后，本章的实证结果仍然具有较强的稳健性和可靠性。工具变量的过度识别检验结果也通过检验，表明不存在工具变量的过度识别问题，工具变量选择较为合适。各个控制的显著性基本上与前一部分的结果一致，为了避免赘述，本部分采用大部分学者的一贯做法，不再逐一对各个控制变量的含义进行分析。

表 8-6 以教育程度为工具变量的内生性问题检验

	（1）民生福祉		（2）正式非正式社区		（3）民生福祉
正式非正式社区	0.123***	教育程度	0.294***	正式非正式社区	2.282***
	（0.0285）		（0.0143）		（0.156）
控制变量	控制		控制		控制
省份固定效应	控制		控制		控制
时间固定效应	控制		控制		控制
N	38439	N	38480	N	38439

Standard errors in parentheses，* $p < 0.1$，** $p < 0.05$，*** $p < 0.01$

8.4.4 住房社区分层、社会交往融入与民生福祉的检验

本部分基于马克斯·韦伯多元社会分层理论社会秩序的重要内涵社会交往融入关系这一重要机制，实证检验了正式社区和非正式社区通过影响居民社会交往融入进而影响民生福祉的重要影响机制。从表8-7关于住房社区分层、居民社会交往融入对民生福祉的影响的中介效应模型检验结果来看，模型（1）表明，住房社区分层对家庭民生福祉在1%的显著水平上存在显著的影响，居住在正式社区的家庭民生福祉高于非正式社区。模型（2）表明，住房社区分层对居民社会

交往融入具有正向影响，居住在正式社区的居民比非正式社区的居民拥有更高的社会交往融入水平。模型（3）表明，将住房社区分层和居民社会交往融入同时加入模型中，正式社区和非正式社区下的住房社区分层对民生福祉的影响依然在 1% 的显著水平上具有十分显著的重要影响。这说明，住房社区分层通过影响居民社会交往融入这一重要机制进而对居民的民生福祉产生十分重要的影响。

控制变量当中，居民家庭住房拥有状况对民生福祉的影响在 1% 的显著水平上呈显著的正向影响，这说明居民家庭住房获得以及多套住房的财富效应获得能够显著提升民生福祉。在性别因素对民生福祉的影响当中，女性在 1% 的显著水平上比男性拥有更高的民生福祉，这可能是由于不同性别在社会中扮演的角色不同，男性比女性面临的社会竞争压力更大所导致的。年龄对民生福祉的影响存在倒"U"型关系，这可能是由于一般情况下，人在年龄较小的时候尚未面临生活工作的压力，民生福祉较高。随着年龄的增大，生活和工作社会竞争压力变大，民生福祉较低。但是到年龄较大以后，逐渐退出职业生涯，家庭积蓄较多和生活工作压力较小，民生福祉也相对较高。就婚姻状况而言，结婚群体比非结婚群体拥有更高的民生福祉，这可能是由于总体来看，婚姻能带来物资和情感的相互支持，生活民生福祉也就越高。健康状况对民生福祉具有十分显著的正向影响，这说明居民的健康状况越好，民生福祉也就越高。收入对民生福祉具有十分显著的正向影响，这说明收入增加能够满足居民各种消费需求，提升民生福祉。整体来看，模型结果很好地验证了研究假说 9 的正确性。同样，为了进一步验证住房社区分层下的居民社会交往融入对民生福祉的中介效应是否存在，本部分依然通过 Bootstrap 检验法，设置重复抽样 5000 次，获取中介效应的对应置信区间且置信区间在同一侧不经过 0，这进一步证明了中介效应是显著的，住房社区分层通过影响居民社会交往融入进而影响民生福祉。

表 8-7 住房社区分层、居民社会交往融入与民生福祉的中介效应模型检验

	（1）民生福祉		（2）社会交往融入		（3）民生福祉
正式非正式社区	0.118***	正式非正式社区	0.131***	正式非正式社区	0.115***
	（0.0287）		（0.0341）		（0.0374）
				社会交往融入	0.126***
					（0.0143）
控制变量	控制		控制		控制
省份固定效应	控制		控制		控制
时间固定效应	控制		控制		控制
N	38,421	N	14,511	N	14,487
PseudR^2	0.0611	PseudR^2	0.0284	PseudR^2	0.0580

Standard errors in parentheses，* p < 0.1，** p < 0.05，*** p < 0.01

8.4.5 住房社区分层、社会身份地位认知与民生福祉的检验

本部分基于马克斯·韦伯多元社会分层理论社会秩序的核心"身份"这一重要机制，实证检验了正式社区和非正式社区通过影响居民社会身份地位认知，进而影响民生福祉的重要中介效应影响机制。从表 8-8 关于住房社区分层、居民社会身份地位认知对民生福祉的影响的中介效应模型检验结果来看，模型（1）表明，住房社区分层对居民家庭民生福祉在 1% 的显著水平上存在显著的影响，正式社区的家庭民生福祉高于非正式社区。模型（2）表明，住房社区分层对居民

社会地位认知在 1% 的显著水平上具有显著的正向影响，居住在正式社区的居民比非正式社区的居民拥有更高的社会阶层身份地位认知。模型（3）表明，将住房社区分层和居民社会阶层身份地位认知同时加入模型中，住房社区分层对民生福祉的影响依然存在十分显著的正向影响。这说明，住房社区分层通过影响居民社会阶层身份地位认知，进而对居民的民生福祉产生十分重要的影响。整体来看，模型结果很好地验证了研究假说 9 的正确性。

控制变量当中，居民家庭住房拥有状况对民生福祉的影响在 1% 的显著水平上呈显著的正向影响，这说明居民家庭住房获得以及多套住房的财富效应获得能够显著提升民生福祉。性别因素对民生福祉的影响当中，女性在 1% 的显著水平上比男性拥有更高的民生福祉，这可能是由于不同性别在社会中扮演的角色不同，男性比女性面临的社会竞争压力更大所导致的。年龄对民生福祉的影响存在倒 "U" 型关系，这可能是由于一般情况下，人在年龄较小的时候尚未面临生活工作的压力，民生福祉较高。随着年龄的增大，生活和工作社会竞争压力变大，民生福祉较低。但是到年龄较大以后，逐渐退出职业生涯，家庭积蓄较多和生活工作压力较小，民生福祉也相对较高。就婚姻状况而言，结婚群体比非结婚群体拥有更高的民生福祉，这可能是由于总体来看，婚姻能带来物资和情感的相互支持，生活民生福祉也就越高。健康状况对民生福祉具有十分显著的正向影响，这说明居民的健康状况越好，民生福祉也就越高。收入对民生福祉具有正向影响，这说明收入增加能够满足居民的各种消费需求，提升民生福祉。同理，Bootstrap 检验法通过设置重复抽样 5000 次，获取中介效应的对应置信区间且置信区间满足在同一侧不经过 0，这进一步表明中介效应是显著的，住房社区分层通过影响居民社会身份地位认知，进而影响居民的民生福祉这一中介效应是存在的。

表8-8　住房社区分层、居民社会阶层身份地位认知与民生福祉的
中介效应模型检验

	（1） 民生福祉		（2） 社会身份 地位认知		（3） 民生福祉
正式非正式 社区	0.118***	正式非正式 社区	0.172***	正式非正式 社区	0.0845***
	（0.0287）		（0.0267）		（0.0291）
				社会身份地 位认知	0.345***
					（0.00702）
控制变量	控制		控制		控制
时间固定效应	控制		控制		控制
省份固定效应	控制		控制		控制
N	38421	N	38085	N	38048
PseudR^2	0.0611	PseudR^2	0.0854	PseudR^2	0.0891

Standard errors in parentheses，* p < 0.1，** p < 0.05，*** p < 0.01

8.5　本章小结

本部分主要论证了住房社区分层对民生福祉的影响。首先，通过引言提出关于住房社区分层对民生福祉的影响的研究背景和研究意义。在此基础上，通过国内外的相关文献综述，指出现有研究的不足，并提出本书要研究的问题。接着是通过理论机制的分析，论证了住房社区分层通过居住社区空间品质差异以及这种空间品质差异带来的社区空间排斥，进而影响居民的社会关系融入和社会身份地位认

知，对民生福祉产生中介效应影响，并提出本书的研究假说。其次，通过模型构建和 CGSS 微观数据的指标选取进行实证分析。其一，实证检验了不同住房社区类型对民生福祉的整体影响，发现住房社区分层对民生福祉存在显著的差异性影响。居住在老旧城区、保障房社区和城中村的居民的家庭民生福祉低于普通商品房社区，居住在单位房社区和高档商品房社区的居民的民生福祉高于普通商品房。在此基础上，实证检验了正式社区和非正式社区住房对民生福祉的影响。检验的结果表明，居住在正式社区的居民家庭拥有比居住在非正式社区的居民更高的民生福祉。为了保证估计结果的稳健性和防止模型存在的内生性问题带来的估计偏差，本书通过工具变量法进行了模型的稳健性检验，分别选取了居民家庭成员的工作单位性质是否在体制内外和个体学历程度高低为变量。研究结果表明，加入工具变量之后，模型估计结果依然十分稳健，较好地解决了模型可能存在的内生性问题和估计偏差。最后，本书进一步拓展了关于住房社区分层对民生福祉的影响研究，通过中介效应模型检验了住房分层对民生福祉的影响机制，从而论证了住房社区分层通过影响居民社会交往融入当中的社会身份地位认知，进而对居民家庭的民生福祉产生重要的影响。住房社区分层对民生福祉的影响存在显著的直接效应和中介效应影响，从而验证了研究假说 7、假说 8 和假说 9 的正确性。

本章的创新之处在于，尽管以往学者已经开始关注到住房社区隔离这一现实问题，但是对社区隔离与民生福祉的研究尚不多见。同时，以往关于住房分层与民生福祉的研究忽略了住房社区分层，也即居民家庭住房社区差异这一维度，更没有对住房社区分层如何对民生福祉产生影响的机制进行分析。本章从马克斯·韦伯多元社会分层理论中的社会秩序维度及其所对应的核心内涵社会交往关系和社会身份的视角进行分析，将居民家庭住房社区居住空间品质差异带来的社区空间排斥这一社会现实问题引入到住房分层影响民生福祉的分析当中。通过构建"住房社区居住空间品质差异→社区空间排斥（居住隔离）→社会交往融入→社会身份地位认知→民生福祉"的分析框架，从而将我国住房社区分层的研究与马克斯·韦伯社会分层理论中的社会秩序维度相结合进行理论分析。在此基础上，本章分别从住房社区分层带来的住房社区居住空间品质差异、居民社会交往融入和居民社会身份地位认知等逐层深入地实证检验它们对民生福祉产生的显著影响，从而在理论和实证上论证了居民家庭住房社区分层对民生福祉的影响以及如何产生影响，这是以往学者关于住房与民生福祉的研究中未能给予充分关注之处。

第9章　研究结论、政策启示与未来展望

　　住房问题关系到人民群众的安居乐业和生活民生福祉。住房分层表面上反映了居民家庭住房分配的梯度分层秩序差异，其实质是住房背后所代表的住房权利、住房财富以及住房社会资源关系带来的社会融入和身份认同差异和不平等，这种差异和不平等必然对民生福祉产生重要的影响。本书以住房分层对民生福祉的影响为研究主题，将马克思主义社会分层和住房理论、马克斯·韦伯的多元社会住房分层理论与我国住房分层的分析相结合，从住房权利分层、住房财富分层和住房社区分层三个维度构建分析框架，通过提出问题、概念界定、理论分析和模型构建，实证分析，综合论证了我国住房分层对居民家庭民生福祉的影响及其内在影响机制。尤其是从三种住房分层维度下的权利机制、财富机制和社会关系融入身份机制等论证了住房如何对民生福祉产生显著的直接效应和中介效应影响，从而拓展了本书的研究深度和广度，进而得出研究结论，并根据研究结论提出相应的政策建议。同时针对本书在研究当中存在的不足，对未来研究进行展望。

9.1 研究结论

本书以马克思主义社会分层和住房理论、马克斯·韦伯的多元社会住房分层理论为基础，将住房分层从住房权利分层、住房财富分层和住房社区分层三个维度进行分析，然后对民生福祉的影响进行理论和实证分析，通过构建 Logit 模型和中介效应模型以及倾向匹配法、工具变量法，利用中国综合社会调查数据（CGSS）2003—2017 年的微观混合截面数据进行实证检验，得出研究结论。本书的主要研究结论如下：

（1）从马克斯·韦伯多元社会分层理论的法律秩序及其核心内涵来看，我国住房分层在法律秩序维度上体现为住房权利分层，即以有房和无房家庭在住房产权获得、居民居住权的实现以及我国特殊国情下同住房挂钩的城市公共服务享受资格权的差异化分层。在我国当前城镇化快速发展和住房市场化商品化不断加深的背景下，住房对于居民家庭而言成为被物化了的多种城市生存和发展权利。居民家庭围绕着住房产权获得的市场竞争对全社会住房分配秩序格局的影响首先表现为住房权利分层。住房权利分层影响民生福祉的逻辑体现为：对于有房和无房来说，住房产权的获得和居住权能否完全实现以及由此导致城市公共服务享受资格的权利差异。其中，住房产权获得是住房权利分层影响民生福祉的基础，居住权的实现是住房权利分层影响民生福祉的深化。而"租购不同权"下的城市公共服务享受资格权利差异是住房分层影响民生福祉的进一步拓展。实证结果也表明，住房权利分层对居民家庭民生福祉存在十分显著的影响。与无房家庭相比，有房家庭住房产权的获得、居住权的实现带来居民住有所居和居住权利的实现，因此对民生福祉具有显著的直接提升效应。当然，从异质性分析来看，相对于无房群体，有房群体住房产权获得的民生福祉提升效应在不同年龄群体和不同时间阶段以及东、中、西部地区存在一定的差异性。住房产权获得对15—29岁青少年群体以及50—65岁中老年群体影响显著但是相对较小，对30—49岁中青年群体影响最大，对65岁以上群体影响不显著。住房产权获得对民生福祉的影响在2003—2008年时期高于2010—2017年时期，东部地区高于中西部地区。总体结果表明，住房产权获得、住房的基本居住属性对民生福祉具有显著的正向影响。但是，囿于我国目前租赁市场的不规范带来租房者的居住权难以得到充分的维护和保障。与无房群体相比，有房群体住房产权的获得能够显著正向调节和提升住房基本居住属性对民生福祉的影响，这也从实证层面印证了《民法典》中关于设立和保护公民"居住权"的必要性和迫切性。同时，在我国"租购不同权"的特殊国情背景下，住房权利分层还通过居民家庭城市公共服务享受资格权利差异对民生福祉产生中介效应影响。这一实证结论也验证了，在马克斯·韦伯多元社会分层理论框架下，住房分层的法律秩序及其核心内涵"权利"机制在我国住房分层影响民生福祉中扮演着重要的影响机制。同我国国情相结合来看，这些影响机制的存在反映了我国住房市场在租购两端发展失序和监管的失衡、房地产市场长效机制建设存在一定的"权利保障不足"的短板和缺陷。同时，也更在深层次上反映了我国城镇化进程中公共服务供给和分配不平衡不充分问题。而租购不同权和租赁市场监管不足以及对租房群体居住权益保障不充分带来租房群体民生福祉的损失，是我国租赁市场培育发展缓慢的重要根源，更是租购并举制度改革未来要突破的重要瓶颈。

（2）从马克斯·韦伯多元社会分层理论的经济秩序及其核心内涵来看，我国住房分层在经济秩序维度上体现为住房财富分层，即以居民家庭住房拥有多寡梯度差异为表征的住房财富分层。对于居民家庭而言，住房成为家庭资产财富乃至衡量社会经济地位的重要象征。居民家庭对于住房资产财富需求的不断扩大使得全社会住房分配秩序格局的变化鲜明地体现为住房财富分层。住房财富分层影响民生福祉的逻辑，体现在住房市场化、商品化是住房财富分层对民生福祉产生影响的基础；住房财富效应家庭异质性是住房财富分层对民生福祉产生影响的机制深化；而住房财富分层通过影响居民家庭消费结构进而对民生福祉产生影响则是进一步的机制拓展。实证结果也表明，住房财富分层对民生福祉存在显著的影响，居民家庭住房拥有数量的多寡意味着住房财富效应的高低——居民家庭住房套数越多，住房财富效应越强，对民生福祉的影响也越大。进一步的异质性实证分析表明，住房财富分层存在明显的家庭异质性，由于居民家庭居住刚性需求的原因，一套住房家庭群体的住房财富效应相对较弱，对民生福祉的影响较小。两套住房家庭的住房财富效应开始显化，但是由于大部分家庭可能存在住房的改善性需求因素影响，二套住房家庭群体的住房财富效应仍然未能完全释放，住房财富效应只有在两套以上的多套住房家庭群体才真正完全显化，对民生福祉的影响也是最大的。这表明，住房财富效应的释放是有条件的、逐步的，不同家庭阶层的住房财富效应大小是建立在住房刚性需求和改善性需求逐步得到满足的基础之上。从住房财富效应对民生福祉影响的时间和区域异质性来看，居民住房家庭的财富效应对民生福祉的影响在2003—2008年期间相对较小，在 2009—2017 年期间进一步增强。东部地区住房财富效应对民生福祉的影响更强，中部和西部地区弱于中西部地区。从影响机制分析来看，住房财富分层通过影响居民家庭消费结构进而对民生福祉产生显著的直接效应和中介效应。具体体现为：住房财富越高的家庭越倾向于增加居民基本生活性消费支出、发展型消费支出以及耐用品消费支出，进而对民生福祉存在显著的促进作用。进一步从消费结构优化升级的角度来看，随着居民家庭住房财富效应的不断释放，住房财富越高的家庭越倾向于降低基本生活消费支出比例，提高发展型消费支出的比例。这一实证结果进一步验证了在马克斯·韦伯多元社会分层理论框架下，我国住房分层的经济秩序及其核心内涵"财富"在影响民生福祉中的重要解释力。同时，这一结论也在一定程度上回应了目前学术界关于住房财富效应到底是否存在，以及房价上涨和居民家庭住房获得到底促进了消费还是抑制了消费这些学术争论。

（3）从马克斯·韦伯多元社会分层理论的社会秩序及其核心内涵来看，我国住房分层在社会秩序维度上体现为住房社区分层，即以不同居住社区类型差异为起点的住房社区分层。住房社区在物理形式上表现为承载人口城镇化和空间集聚的载体，而在内容上则表现为社会成员基于居住空间品质而形成的社会交往关系和身份认同的社会空间网络。在当前我国城镇化快速发展、人口流动不断加快的背景下，城市居民家庭居住选择的空间"过滤"对全社会住房分配秩序的重塑还突出地表现为住房社区分层。住房社区分层影响民生福祉的逻辑体现为：住房社区居住空间品质差异是住房社区分层对民生福祉影响的基础；居住空间品质差异带来社区居住空间排斥，从而使得住房社区分层通过影响居民社会交往融入进一步影响民生福祉；同时，居住空间排斥和居民社会交往融入最终影响着居民的社会身份地位高低认知，这成为住房社区分层对民生福祉产生影响的进一步机制拓展。实证结果也表明，住房社区分层通过社区居住空间品质差异对民生福祉产生直接效应影响。这一结论也验证了，马克斯·韦伯多元社会分层理论分析框架下，住房分层的社会秩序及其核心社会交往融入和社会身份地位在我国住房社区分层影响民生福祉中依然具有十分重要的机制解释力。

9.2 政策建议

住房制度改革以来，我国住房分配方式逐步实现了由以工作单位为基础的福利分房制度向市场化、商品化分配方式转变。随着住房制度改革的不断推进和房价的不断上涨，我国住房分配格局发生了巨大的变化并带来新的住房分配关系的重塑。在此背景下，住房的多重社会经济属性也不断显化并随着房价的不断上涨进一步放大，对民生福祉产生了重要的影响。居民拥有家庭住房不仅代表着住房产权的获得和住房基本民生消费需求的实现，更意味着居民家庭获得享受城市教育、医疗等公共服务资源的重要资格权利。同时，住房成为居民家庭的重要资产财富，对居民家庭财富积累和收入预期带来影响，进而影响到居民家庭消费的改善。住房分层还影响着居民家庭的社会生活方式和社会身份的认知，对于社会和谐发展具有重要的影响。住房分层的背后反映了基于住房分配方式的变化而带来的城市经济社会资源的分配差异和分层，这种分配差异和分层不断影响着居民在经济发展和城镇化进程中的生活质量、安全感、获得感和民生福祉。因此，政府应当加快住房制度改革。坚决贯彻落实房子是用来住的而不是用来炒的准确定位，因地制宜、多策并举，促进房地产市场平稳健康发展。具体政策建议如下：

9.2.1 构建多层次住房保障体系满足不同群体住房现实需求

从住房分层影响民生福祉的整体研究逻辑和结论来看，住房分层意味着不同社会群体的住房需求存在一定的层次差异性。因此，住房保障和支持体系要结合房地产市场供给侧和需求侧的多层次性，满足不同层次的住房需求，从而提升居民居住民生福祉。未来住房市场支持体系应当充分考虑住房需求的多层次性，建立和完善"底端有保障、中端有支持、高端有供给"的房地产市场供应层次体系，切合不同层次居民家庭的住房需求，满足人民群众对美好生活向往的追求。具体来说，对于存在住房困难的底端家庭群体，政府应当加大住房保障力度，通过加大公租房建设供应（实物补贴）和住房补贴发放（货币补贴）相结合，保障这一群体基本住房需求，确保人民群众住有所居。对于中端住房需求层次的群体，政府应当通过完善公积金制度、向刚需倾斜的信贷制度、增加共有产权住房供应等措施降低中端居民家庭住房需求的进入门槛，支持中低收入居民家庭群体实现居有所属。对于高端住房市场需求群体，政府要引导市场供应主体不断改善住房供给品质，打造优质、高端住房，满足人民群众对高品质住房的需求，支持高端收入家庭住房的品质改善。总之，政府要通过多主体供给和多渠道保障，租购并举等多项措施，构建多层次的住房供应支持体系，满足不同群体的住房需求和切身利益，避免住房分层带来的居民家庭社会福利损失和社会分化风险。

9.2.2　强化租赁群体居住权的保障进而提升居民住房民生福祉

从我国住房权利分层影响民生福祉的现实国情和实证检验结果来看，居民居住权在住房权利分层影响民生福祉中具有十分显著的中介效应影响。这一结论说明由于长期以来我国住房制度改革发展过程中，对租赁市场的关注不够和租赁消费的制度规范不足，对租赁群体住房居住权的保障不充分，影响了租赁群体的居住安全、稳定等合法权利，对租赁者群体的住房民生福祉带来了较大的损失。特别是住房作为全社会最基本的必需品消费，是关系到居民家庭安居乐业、生活幸福的重要物质基础，是民生福祉的基础，是宪法和法律赋予公民最基本的权利，必须在现实当中给予切实的维护。因此，未来应该针对我国租购发展失衡，租赁市场当中存在的租赁双方权利义务不对等，租金恶意上涨和房东随意赶人、克扣押金、中介欺诈等严重损害租房者的基本权利等现象给予纠正，避免给租房群体带来不安全感，从而提升租房群体居住消费的民生福祉。要通过法律形式确定租赁群体的租赁权利，通过政府制度建设、企业责任主体落实、社会舆论宣传、租赁双方责任主体的依法奖惩等措施，形成全社会的共识，确保居住权更能够得到保障。

9.2.3　以租购同权促租购并举进而提升租赁群体的居住民生福祉

租赁市场发展离不开租购同权的落实，而在核心上是要解决租赁住房在城市公共服务的住房租赁市场的发展，是整个房地产市场发展的有机构成部分。住房租赁市场的健康发展是对住房市场的有益补充，能够有效缓解住房产权交易市场供给和需求矛盾，促进整个房地产市场的平稳健康发展。纵观世界各国尤其是发达国家租购市场的发展，发达国家的租赁市场在房地产市场当中均占有相当大的比例。长期以来，我国房地产市场发展重产权购买交易市场而轻租赁市场发展，导致严重的市场租购失衡。未来应当强化租赁市场的发展，通过国有土地出让倾斜、集体经营性建设用地上市过程中租赁住房建设优先、财税政策优惠补贴减免、国有资本和民营资本以及社会资本的多元参与等措施，加快租赁市场的发展。

同时，还必须看到，住房租赁市场的发展建立在租购同权的制度安排基础上。在住房分层对民生福祉的影响机制当中，租房者居住权得不到保障和租购不同权是制约民生福祉的重要影响因素。从实际情况来看，居民家庭在购房和租房选择当中，租购不同权也是绝大部分居民家庭偏向于购房而不愿意租房的重要症结所在。近年来，国家大力倡导房地产市场的租购并举，加快租赁市场发展，但是收效甚微，租购难以同权是其中一个重要制度障碍。因此，在落实租购并举的同时，必须更加重视和落实租购同权，确保租户群体能够平等公平地享受城市公共资源权利，才能使租购并举真正得到落实推广。因此，要加快《民法典》中的居住权的落地实施，严厉打击租赁机构"囤积房源、操纵市场""资金暴雷"以及房东和中介"恶意赶人"等危害购房者和租户利益的违法行为。

9.2.4 避免房价大起大落对居民预期和消费带来的不利影响

从住房财富分层影响民生福祉的研究结论来看，住房财富分层对民生福祉具有十分显著的影响，同时住房财富通过影响居民消费进而对民生福祉产生中介效应影响。这说明随着当前国内住房市场化商品化的推进，房价上涨使得住房资产财富在居民家庭资产财富中处于非常重要的地位和作用。尤其是对于大部分中产阶级家庭来说，购买住房耗尽家庭大部分的收入积累，保持房价稳定对于中产阶级家庭资产财富稳定至关重要。在当前房地产低迷的背景下，如果房价大幅度下跌，则会带来这类群体的资产财富严重缩水，势必影响家庭各方面的消费预期和实际支出，影响家庭的民生福祉。当然，房地产调控政策也不应当使房价出现大幅度的上涨。这是因为，房价的过高过快上涨一方面把住房刚性需求群体"拒之门外"，这一群体为了买房会加大家庭收入中的购房性储蓄，从而减少家庭消费，不利于民生福祉的提升；另一方面，房价的过高过快上涨会催生更多的全社会住房投机，在家庭收入既定的情况下，居民家庭将收入用于购买多套住房投机也必然会降低家庭其他生活消费。因此，房价过高过快上涨无论是对于住房刚性需求家庭群体还是多套住房投机需求群体来说，都会对家庭生活消费产生挤出效应。因此，政府房地产市场应当首先防止房价的大起大落，充分认识到房价稳定对于居民住房资产财富稳定和形成消费预期的重要作用，以及对于民生福祉的重要意义。

9.2.5　加快社区公共服务重构与完善来提升居民社区居住民生福祉

住房社区分层对民生福祉产生重要的影响。未来城市更新过程中，要通过社区环境的重构与完善来提升居民居住品质的改善，提升民生福祉。住房社区分层对民生福祉的影响，背后也反映了我国城镇化进程中城市基本公共服务供给不足和分配不均衡的重要问题。特别是全社会围绕着住房所展开的优质公共服务资源的争夺，对居民家庭幸福带来重要的影响。在未来城镇化发展过程中，随着城镇人口的大量融入，政府公共服务特别是优质公共服务供给短缺仍然是城市发展面临的重要问题。这就要求政府一方面要加大基本公共服务供给水平，提供更多更优质的教育、医疗等基本公共服务产品，扩大城市基本公共服务建设的增量和质量，满足人民群众日益增长的城市基本公共服务的需求；另一方面要加快城市基本公共服务供给的均等化改革，实现不同城市之间以及城市内部社区之间的基本公共服务的均等化，避免基本公共服务不均等带来的资源分配争夺，破解基于住房社区差异带来的居民基本公共服务享受资格和权利的差异，提升人民群众居住满意度和增进民生福祉。城市老旧城区和城中村地带是城市公共服务配套的薄弱地带，是未来城市更新工作的重点区域，更是提升民生福祉的重点领域，必须强化公共服务配套设施的建设和宜居环境的改善。同时，还要加强社区软环境的提升，加强社区文化建设，促进社区不同群体的社会融合，破除社区居住空间隔离和社会认知隔离，提升居民社区生活民生福祉。

9.2.6　以住房制度体系重点领域的构建提升民生福祉

从研究的整体结论来看，住房关系到民生福祉，应当落实中央提出的"房住不炒"的定位，提升居民居住的民生福祉。因此，贯彻落实房住不炒的重心在大城市，重点是住房的去金融化，着力点是租赁市场秩序的规范。具体应当从以下重点领域着手：一是住房政策应当关注重点城市。应当认识到，国内大城市是住房刚性需求和投机需求矛盾最为突出的地带。要抓好特大城市住房市场调控的关键。要在租购两端制定向大城市倾斜的民生住房建设用地出让政策、金融信贷优惠政策和税收支持倾斜政策，优先满足刚需群体住房需求。要加强大城市住房市场秩序的管控，强化对重点城市和重点企业机构的监管，维护房地产市场的健康发展秩序，提升刚需群体的住房民生福祉。二是政策要重点加快房地产去金融化改革，抑制房地产投机和金融杠杆化。近年来房价的过高过快上涨和住房的资产财富效应建立在住房金融化的膨胀，从而带来全社会房地产投机和金融杠杆行为的无序扩张，房地产投资属性不断挤压住房的居住属性空间。房地产市场的快速扩张和房价高涨使得城市住房问题日益尖锐，房地产投机的无序扩张进一步加剧了城市居民家庭的住房分配矛盾。尤其是特大城市住房投机活动日盛，投机需求对刚性需求带来较大替代和抑制。因此，必须加快住房去金融化才能阻断房地产投机行为。三是房地产租赁市场改革要给予重点政策关注倾斜，做到赋能赋权。国内住房租赁市场的不健全导致国内租赁市场需求尽管不断膨胀，但是难以满足市场需求，进一步带来普通刚需群体仍然被挤压到住房产权购买市场端，进一步加剧了国内的住房矛盾的激化，也加剧了政府住房市场的调控难度和实际效果。因此要加大资金和土地供应支持力度，为租赁市场赋能，助力租赁市场补齐市场供需缺口。同时要加快租赁市场赋权，给予租赁住房群体充分的住房权利，助力租赁市场释放可持续发展的内在动力。

9.3　研究不足与展望

本书以住房分层对民生福祉的影响为研究主题，通过理论机制分析和实证检验对研究命题进行分析，得出研究结论。但是由于知识和学术水平的有限以及相关研究选题在当前学术界的争论，本书关于住房分层的研究还存在一定的局限性和不足：（1）由于民生福祉本身是一个较为复杂的概念，关于民生福祉的测量是一个学术界一直非常关注但是又很难进行全面、客观测度的难点。同时，影响民生福祉的因素也是复杂多样的，既有客观的因素，也有个体的主观的影响因素，同时也因为个体心理感官瞬息万变，因此关于民生福祉如何衡量目前仍然是学术界一直在探讨的热点问题。本书根据目前国内经济学、社会学的权威学者和研究成果做法，运用主观民生福祉来进行衡量。同时，在住房影响民生福祉的模型分析中尽量控制了影响民生福祉的其他客观和主观影响因素，但是对民生福祉的衡量仍存在一定的缺陷和不足。（2）根据本书的研究可以发现，住房分层反映了住房分配的不平等以及住房背后的社会公共物品分配的不均等，这必然会带来人口的空间流动，从而形成住房分层对民生福祉的空间溢出效应，这也反映了社会上比较热议的"逃离北上广深"的现象。本书尚未能够从住房分层对民生福祉的空间溢出效应进行分析，这在一定程度上影响了研究的深度和广度。（3）本书关于住房分层和住房财富的分析尚未关注到不同住房抵押贷款状况对住房产权完整性的差异影响，这可能不利于分析住房产权和住房财富分层对民生福祉的影响的精度。（4）随着住房市场配置的逐步深化，住房的代际传递效应逐渐增强，住房分层如何通过代际传递对民生福祉产生代际影响，这也是与本书的研究高度相关但是未能给予充分的研究之处。当然这些研究中存在的不足都为本书的未来研究提供了一个重要的研究方向。

参考文献

一、中文文献

（一）中文著作

[1]谢经荣, 吕萍, 乔志敏. 房地产经济学. 第 3 版 [M]. 北京：中国人民大学出版社，2013.

[2]沈建忠. 张小宏 房地产基本制度与政策 [M]. 北京：中国建筑工业出版社. 2015.

[3]韦伯. 新教伦理与资本主义精神 [M]. 桂林：广西师范大学出版社，2010.

[4]格尔哈斯·伦斯基. 权力与特权：社会分层的理论 [M]. 杭州：浙江人民出版社，1988.

[5]陆学艺. 当代中国社会阶层研究报告 [M]. 北京：社会科学文献出版社，2002.

[6]谢经荣, 吕萍, 乔志敏. 房地产经济学 [M]. 北京：中国人民大学出版社，2002.

［7］丰雷. 房地产经济学 [M]. 北京：中国建筑工业出版社，2008.

［8］王小广等. 住房体制改革———关于"有恒产者方有恒心"的最新
　　诠释 [M]. 广州：广东经济出版社，1999.

［9］边沁. 道德与立法原理导论 [M]. 北京：商务印书馆，2011.

［10］亚伯拉罕·哈罗德·马斯洛，马斯洛，冯化平. 实现人生价值
　　[M]. 呼和浩特：内蒙古人民出版社，2003.

［11］苗元江，心理学视野中的幸福一民生福祉理论与测评研究 [M].
　　天津：天津人民出版社，2009.

［12］【德】马克斯·韦伯. 马克斯·韦伯社会学文集 [M]. 阎克文，
　　译. 北京：人民出版社，2010.

［13］【英】弗兰克·帕金. 马克斯·韦伯 [M]. 刘东，谢维和，译. 南
　　京：译林出版社，2011.

［14］【德】马克斯·韦伯. 经济与社会. 上下卷 [M]. 北京：商务印书
　　馆，1997.

［15］【德】马克斯·韦伯. 经济与社会（第二卷）[M]. 上海：上海世
　　纪出版集团，2005.

［16］郑杭生. 社会学概论新修 [M]. 5 版. 北京：中国人民大学出版
　　社，2019.

［17］郑杭生. 社会学概论新修 [M]. 4 版. 北京：中国人民大学出版
　　社，2013.

［18］顾朝林. 城市社会学 [M]. 南京：东南大学出版社，2002.

［19］茅于轼. 中国人的焦虑从哪里来：论财富与地位的不平等 [M].
　　北京：群言出版社，2013.

［20］【法】雷蒙·阿隆. 社会学主要思潮. [M]. 北京：华夏出版社，

2000.

[21]【法】埃米尔·涂尔干. 社会分工论 [M]. 渠东，译. 上海：生活·读书·新知三联书店，2000.

[22]【美】丹尼尔·贝尔. 后工业社会的来临：对社会预测的一项探索 [M]. 北京：商务印书馆，1984.

[23]【美】索尔坦斯·邦德·凡勃伦. 有闲阶级论 [M]. 北京：中国人民大学出版社，2017.

[24]【德】京特·雅科布斯. 规范·人格体·社会——法哲学前思 [M]. 冯军，译. 北京：法律出版社，2001.

[25]【美】西奥多·舒尔茨. 对人进行投资 [M]. 吴珠华，译. 北京：首都经济贸易大学出版社，2002.

[26]李强. 社会分层十讲 [M]. 北京：社会科学文献出版社，2011.

[27]恩格斯. 恩格斯论住宅问题 [M]. 北京：人民出版社，1951.

[28]西季威克，HENRY. 伦理学方法 [M]. 北京：中国社会科学出版社，1993.

[29]【美】亚伯拉罕·哈罗德·马斯洛，马斯洛. 实现人生价值 [M]. 冯化平，译. 呼和浩特：内蒙古人民出版社，2003.

[30]苗元江，心理学视野中的幸福——民生福祉理论与测评研究 [M]，天津：天津人民出版社，2009.

[31]邢占军. 测量幸福：主观民生福祉测量研究 [M]. 北京：人民出版社，2005.

[32]何肇发. 何肇发文集. [M]. 香港：荣誉出版社，2001.

[33]周雪光. 国家与生活机遇 [M]. 北京：中国人民大学出版社，2015.

［34］【日】渡边雅男. 现代日本的阶层差别及其固定化 [M]. 北京：中央编译出版社，1998.

［35］黄怡. 城市社会分层与居住隔离 [M]. 上海：同济大学出版社，2006.

［36］李斌. 中国城市居住空间阶层化研究 [M]. 北京：光明日报出版社，2013.

［37］徐勇. 中国城市社区自治 [M]. 武汉：武汉出版社，2002.

（二）中文论文

［1］陈云松，张翼. 城镇化的不平等效应与社会融合 [J]. 中国社会科学，2015（06）：78-95 +206-207.

［2］种聪，岳希明. 经济增长为什么没有带来民生福祉提高？——对主观民生福祉影响因素的综述 [J]. 南开经济研究，2020（04）：24-45.

［3］田国强，杨立岩. 对"幸福—收入之谜"的一个解答 [J]. 经济研究，2006（11）：4-15.

［4］邢占军. 我国居民收入与民生福祉关系的研究 [J]. 社会学研究，2011，25（01）：196-219+245-246.

［5］刘军强，熊谋林，苏阳. 经济增长时期的国民民生福祉——基于 CGSS 数据的追踪研究 [J]. 中国社会科学，2012（12）：82-102+207-208.

［6］李树，陈刚. 幸福的就业效应——对民生福祉、就业和隐性再就业的经验研究 [J]. 经济研究，2015，50（03）：62-74.

［7］张学志，才国伟. 收入、价值观与民生福祉——来自广东成人调

查数据的经验证据 [J]. 管理世界，2011（09）：63-73.

[8]马亮. 公共服务绩效与公民民生福祉：中国地级市的实证研究
[J]. 中国行政管理，2013（02）：104-109.

[9]胡洪曙，鲁元平. 公共支出与农民主观民生福祉——基于 CGSS
数据的实证分析 [J]. 财贸经济，2012（10）：23-33+122.

[10]周绍杰，王洪川，苏杨. 中国人如何能有更高水平的民生福
祉——基于中国民生指数调查 [J]. 管理世界，2015（06）：8-21.

[11]汤凤林，雷鹏飞. 收入差距、民生福祉与公共支出政策——来
自中国社会综合调查的经验分析 [J]. 经济学动态，2014（04）：
41-55.

[12]陈刚. 通货膨胀的社会福利成本——以民生福祉为度量衡的实证
研究 [J]. 金融研究，2013（02）：60-73.

[13]王群勇，李仲武，冯学良. 身份、性别与幸福——基于家庭层面
的分析 [J]. 世界经济文汇，2020（05）：105-120.

[14]阳义南，章上峰. 收入不公平感、社会保险与中国国民幸福 [J].
金融研究，2016（08）：34-50.

[15]亓寿伟，周少甫. 收入、健康与医疗保险对老年人民生福祉的影
响 [J]. 公共管理学报，2010，7（01）：100-107+127-128.

[16]孙凤. 性别、职业与主观民生福祉 [J]. 经济科学，2007（01）：
95-106.

[17]雷卫. 宗教信仰、经济收入与城乡居民主观民生福祉 [J]. 农业技
术经济，2016（07）：98-110.

[18]叶文振，徐安琪. 婚姻质量：西方学者的研究成果及其学术启示
[J]. 人口研究，2000（04）：67-75.

［19］李平，朱国军. 社会资本、身份特征与民生福祉——基于中国居民社会网络变迁的视角 [J]. 经济评论，2014（06）：113-125.

［20］邢占军，张羽. 社会支持与主观民生福祉关系研究 [J]. 社会科学研究，2007（06）：9-14.

［21］黄婷婷，刘莉倩，王大华，张文海. 经济地位和计量地位：社会地位比较对主观民生福祉的影响及其年龄差异 [J]. 心理学报，2016，48（09）：1163-1174.

［22］胡宏兵，高娜娜. 教育程度与民生福祉：直接效应与中介效应 [J]. 教育研究，2019，40（11）：111-123.

［23］刘美秀，王夏华，汪正忠. 教育水平对民生福祉指数影响的统计检验 [J]. 统计与决策，2013（24）：6-10.

［24］李涛，史宇鹏，陈斌开. 住房与幸福：幸福经济学视角下的中国城镇居民住房问题 [J]. 经济研究，2011，09：69-82+160.

［25］牛楠. 影响城市民生福祉因素的实证分析——价格波动对低收入群体民生福祉的影响调查 [J]. 价格理论与实践，2012，（02）：55-56.

［26］毛小平. 住房产权、社会和谐与民生福祉研究 [J]. 统计与决策，2013，（03）：88-91.

［27］孙伟增，郑思齐. 住房与民生福祉：从住房价值、产权类型和入市时间视角的分析 [J]. 经济问题探索，2013，（03）：1-9.

［28］王先柱，王敏. 改革住房制度 让全体人民住有所居——住房增强民生福祉的差异性研究 [J]. 商业研究，2018，（08）：12-21.

［29］毛小平. 论习近平住房"二重性"思想 [J]. 哈尔滨学院学报，2018，39（10）：16.

[30]张洋，毛冬月，宁艳杰，金占勇. 住房产权对民生福祉的影响研究 [J]. 中国房地产，2017，（06）：14-25.

[31]林江，周少君，魏万青. 城市房价、住房产权与主观民生福祉 [J]. 财贸经济，2012（05）：114-120.

[32]唐将伟，寇宏伟，黄燕芬. 住房不平等与居民社会地位认知：理论机制与实证检验——来自中国社会综合调查（CGSS2015）数据的分析 [J]. 经济问题探索，2019（7）：35-44.

[33]唐将伟，熊建华. 土地财政与发展不平衡：一个分析框架 [J]. 经济问题探索，2018（11）：28-33.

[34]彭代彦，闵秋红. 住房消费与国民幸福——基于 CGSS2013 的实证分析 [J]. 广西社会科学，2015，（12）：85-90.

[35]安虎森，叶金珍. 房价对民生福祉的影响及其作用机制 [J]. 贵州社会科学，2018，（04）：109-116.

[36]欧阳一漪，张骥. 房价对居民主观民生福祉的影响 [J]. 消费经济，2018，34（05）：84-90.

[37]杨巧，陈诚，张可可. 收入差距、住房状况与民生福祉——基于 CGSS2003 和 CGSS2013 的实证 [J]. 西北人口，2018，39（05）：11-20+29.

[38]姜茗予. 房价对不同人群生活满意度产生的影响及其形成机制研究——基于有序 Probit 模型的分析 [J]. 消费经济，2019，35（01）：67-74.

[39]李超，万海远. 贫民住区改造与主观民生福祉——基于辽宁省六市的抽样调查 [J]. 财贸经济，2013，（06）：117-127.

[40]高红莉，张东，许传新. 住房与城市居民主观民生福祉实证研究

[J]. 调研世界，2014，（11）：18-24.

[41] 范红忠，侯亚萌. 住房因素对城市民生福祉的影响 [J]. 城市问题，2017，（04）：64-69.

[42] 赵琳琳，张洋. 住房面积对城镇居民主观民生福祉的影响——基于 2015 中国社会状况综合调查的实证研究 [J]. 中国房地产，2018，（30）：24-33.

[43] 刘晔，潘卓林，冯嘉旋，等. 中国大城市保障房居民情绪民生福祉影响因素——以广州市为例 [J]. 热带地理，2019，39（02）：180-187.

[44] 刘祖云，毛小平. 中国城市住房分层：基于 2010 年广州市千户问卷调查 [J]. 中国社会科学，2012，02：94-109+206-207.

[45] 刘米娜，杜俊荣. 住房不平等与中国城市居民的主观民生福祉——立足于多层次线性模型的分析 [J]. 经济经纬，2013（5）：117-121.

[46] 严金海，丰雷. 中国住房价格变化对居民消费的影响研究 [J]. 厦门大学学报（哲学社会科学版），2012（2）：71-78.

[47] 胡蓉. 青年中间阶层住房状况与民生福祉的相关性分析——基于广州的实证调研 [J]. 青年探索，2016，（05）：25-33.

[48] 李骏. 城市住房地位的民生福祉与公平感差异 [J]. 华中科技大学学报（社会科学版），2017，31（1）：46-57.

[49] 刘斌，张安全. 有产者的就业焦虑：安居真的可以乐业吗——基于城市住房分层与工作满意度的观察 [J]. 财经研究，2021，（01）：47-61.

[50] 刘祖云，阶层分化研究中的若干争议问题探讨 [J] 社会科学研究，

2004（3）：92-96.

[51]李路路，制度转型与分层结构的变迁 [J]，中国社会科学，2002
（6）：105-118.

[52]刘祖云，戴洁. 生活资源与社会分层——一项对中国中部城市的
社会分层研究 [J]. 江苏社会科学，2005（01）：133-138.

[53]李春玲. 当代中国社会阶层的经济划分 [J]. 江苏社会科学，2002，
（4）：64-73.

[54]张曙光，住房需求各阶层的分析 [EB/OL].（2010-05-21）. http：
//blog. caijing. com. cn/expert-article-151282-6479. shtml.

[55]徐子东. 房价问题与中国社会各阶级分析 [J]. 南都周刊，2010
（41）.

[56]毛小平. 购房：制度变迁下的住房分层与自我选择性流动 [J]. 社
会，2014，34（02）：118-139.

[57]吴开泽. 房改进程、生命历程与城市住房产权获得（1980-2010
年）[J]. 社会学研究，2017，32（05）：64-89+243-244.

[58]黄静，崔光灿. 住房财富视角下的代际资源传递效应研究——来
自 CFPS 的经验证据 [J]. 中国软科学，2020（06）：65-76.

[59]李兰芬，倪黎. 财富、幸福与德性——读亚里士多德《尼各马可
伦理学》[J]. 哲学动态，2006（10）：48-52.

[60]张轩辞.《尼各马可伦理学》中关于快乐的讨论 [J]. 海南大学学
报（人文社会科学版），2013，31（01）：14-19.

[61]刘军强，熊谋林，苏阳. 经济增长时期的国民民生福祉——基
于 CGSS 数据的追踪研究 [J]. 中国社会科学，2012（12）：82-
102+207-208.

［62］罗楚亮. 绝对收入、相对收入与主观民生福祉——来自中国城乡住户调查数据的经验分析 [J]. 财经研究，2009，35（11）：79-91.

［63］鲁元平，张克中. 经济增长、亲贫式支出与国民幸福——基于中国幸福数据的实证研究 [J]. 经济学家，2010（11）：5-14.

［64］何立新，潘春阳. 破解中国的"Easterlin 悖论"：收入差距、机会不均与民生福祉 [J]. 管理世界，2011（08）：11-22+187.

［65］邢占军，金瑜. 城市居民婚姻状况与主观民生福祉关系的初步研究 [J]. 心理科学，2003（06）：1056-1059.

［66］张彤进，万广华. 机会不均等、社会资本与农民主观民生福祉——基于 CGSS 数据的实证分析 [J]. 上海财经大学学报，2020，22（05）：94-108.

［67］徐淑一，陈平. 收入、社会地位与民生福祉——公平感知视角 [J]. 管理科学学报，2017，20（12）：99-116.

［68］官欣荣. 毛泽东关于旧中国农村社会分层探析 [J]. 社会科学研究，1993（06）：39-42.

［69］刘祖云，阶层分化研究中的若干争议问题探讨 [J] 社会科学研究，2004（03）：92-96.

［70］王宁. 城市舒适物语社会不平等 [J]. 西北师范大学学报（社会科学版），2010（23）：40.

［71］刘祖云，毛小平. 中国城市住房分层：基于 2010 年广州市千户问卷调查 [J]. 中国社会科学，2012，02：94-109+206-207.

［72］陈杰. 新中国 70 年城镇住房制度的变迁与展望 [J]. 国家治理，2019，（14）：25-35.

[73]陈杰，郭晓欣. 中国城镇住房制度 70 年变迁：回顾与展望 [J]. 中国经济报告，2019，000（004）：4-17.

[74]魏杰，王韧. 我国住房制度的改革路径：基于住房商品的特殊性质 [J]. 经济体制改革，2007（02）：5-11.

[75]张翔，李伦一，柴程森，马双. 住房增加幸福：是投资属性还是居住属性？[J]. 金融研究，2015，（10）：17-31.

[76]郑思齐，刘洪玉. 从住房自有化率剖析住房消费的两种方式 [J]. 经济与管理研究，2004（04）：28-31.

[77]黄燕芬，王淳熙，张超，等. 建立我国住房租赁市场发展的长效机制——以"租购同权"促"租售并举"[J]. 价格理论与实践，2017，000（010）：17-21.

[78]陈淑云. 共有产权住房：我国住房保障制度的创新 [J]. 华中师范大学学报（人文社会科学版），2012，051（001）：48-58.

[79]夏怡然，陆铭. 城市间的"孟母三迁"——公共服务影响劳动力流向的经验研究 [J]. 管理世界，2015（10）：78-90.

[80]胡婉旸，郑思齐，王锐. 学区房的溢价究竟有多大：利用"租买不同权"和配对回归的实证估计 [J]. 经济学（季刊），2014，13（3）：1195-1214.

[81]朱国钟，颜色. 住房市场调控新政能够实现"居者有其屋"吗？——一个动态一般均衡的理论分析 [J]. 经济学（季刊），2014，13（01）：103-126.

[82]李斌，王凯. 中国社会分层研究的新视角——城市住房权利的转移 [J]. 探索与争鸣，2010，1（4）：41-45.

[83]李强. 试分析国家政策影响社会分层结构的具体机制 [J]. 社会，

2008（03）：54-64.

[84]刘祖云，胡蓉.城市住房的阶层 分化：基于 CGSS2006 调查数据的分析（英文）[J].社会，2010，05：164-192.

[85]李斌.城市单位职工位置能力与获取住房利益关系的实证研究[J].中南大学学报（社会科学版），2004，10（02）：166-171.

[86]边燕杰，刘勇利.社会分层，住房产权与居住质量——对中国"五普"数据的分析[J].社会学研究，2005（03）：82-98.

[87]浩春杏.阶层视野中的城市居民住房梯度消费——以南京为个案的社会学研究[J].南京社会科学，2007（03）：71-81.

[88]陈钊，陈杰，刘晓峰.安得广厦千万间：中国城镇住房体制市场化改革的回顾与展望[J].世界经济文汇，2008（01）：43-54.

[89]张俊浦.兰州市城市青年职工住房分层状况研究[J].中国青年研究，2009，07：64-67+106.

[90]刘祖云，毛小平.中国城市住房分层：基于 2010 年广州市千户问卷调查[J].中国社会科学，2012，02：94-109+206-207.

[91]王丽艳，崔燚，宋顺锋.我国城市居民住房分化特征及其影响因素研究——基于天津市微观调查数据[J].城市发展研究，2018，04：116-124.

[92]易成栋，高璇，刘威.中国城镇住房制度改革的效果——总体改善、地位分化以及对房屋普查、人口普查等数据的实证分析[J].中国房地产，2018（15）.

[93]浩春杏.地位视野中的城市居民住房梯度消费——以南京为个案的社会学研究[J].南京社会科学，2007（3）：71-81.

[94]刘升.房地产的社会地位固化性[J].公安研究，2014，32（9）：

91-91.

[95]谌鸿燕. 代际累积与子代住房资源获得的不平等基于广州的个案
　　分析 [J]. 社会，2017，37（4）：119-142.

[96]吴开泽. 房改进程、生命历程与城市住房产权获得（1980-2010
　　年）[J]. 社会学研究，2017，32（05）：64-89+ 243-244.

[97]李基铉. 中国住房双轨制改革及其不平等性 [J]. 社会主义研究，
　　2006（3）：46-49.

[98]朱亚鹏. 住房货币化改革与社会公平——贵阳房改个案研究
　　[J]. 武汉大学学报（哲学社会科学版），2006，59（5）：661-668.

[99]陈彦斌，邱哲圣. 高房价如何影响居民储蓄率和财产不平等 [J].
　　经济研究，2011（10）：25-38.

[100]王丽艳，崔燚，宋顺锋. 我国城市居民住房分化特征及其影
　　响因素研究——基于天津市微观调查数据 [J]. 城市发展研究，
　　2018，04：116-124.

[101]许英康，王军. 中国城镇家庭居住状况与住房分层：2000-
　　2010[J]. 中央社会主义学院学报，2014，06：91-96.

[102]陈峰，姚潇颖，李鲲鹏. 中国中高收入家庭的住房财富效应及
　　其结构性差异 [J]. 世界经济，2013，36（09）：139-160.

[103]田传浩，吴建钦. 社会分层、农房投资与农村住房分层 [J]. 中
　　国房地产，2018，26：34-43.

[104]宋健，李静. 中国城市青年的住房来源及其影响因素——基
　　于独生属性和流动特征的实证分析 [J]. 人口学刊，2015，37
　　（06）：14-24.

[105]田传浩，吴建钦. 社会分层、农房投资与农村住房分层 [J]. 中

国房地产，2018，26：34-43.

［106］陈章喜，许倩. 香港青年住房分层：层次划分及影响因素 [J].
当代青年研究，2018，03：45-50.

［107］杨青，蔡银莺. 城中村拆迁对原住民社会阶层变化的影响——
以武汉市为例 [J]. 中国土地科学，2018，10：36-42.

［108］李怀，鲁蓉. 住房空间分化与社会不平等：一个解释框架 [J].
西北师大学报（社会科学版），2012，01：87-94.

［109］李强，王美琴. 住房体制改革与基于财产的社会分层秩序之建立
[J]. 学术界，2009（04）：25-33.

［110］方长春. 体制分割与中国城镇居民的住房差异 [J]. 社会，2014，
34（03）：92-116.

［111］胡蓉. 市场化转型下的住房不平等 基于 CGSS2006 调查数据
[J]. 社会，2012，32（1）：126-152.

［112］王琪. 转型、空间与区隔—社会转型期城市居住空间演进逻辑
的实证研究 [J]. 山东社会科学，2015，08：71-78.

［113］毛小平. 购房：制度变迁下的住房分层与自我选择性流动 [J].
社会，2014，02：118-139.

［114］杜本峰，黄剑焜. 城市青年住房分层形成机制研究——基于
先赋因素和自致因素的分析 [J]. 北京社会科学，2014，09：
67-77.

［115］吴开泽. 房改进程、生命历程与城市住房产权获得（1980—
2010 年）[J]. 社会学研究，2017，32（05）：64-89+ 243-244.

［116］李春玲，范一鸣. 中国城镇住房不平等及其分化机制 [J]. 北京
工业大学学报（社会科学版），2020，（04）：13-21.

[117]罗楚亮. 城乡分割、就业状况与主观民生福祉差异 [J]. 经济学，
　　　2006，5（03）：817-840.

[118]黄静，崔光灿. 住房财富视角下的代际资源传递效应研究——
　　　来自 CFPS 的经验证据 [J]. 中国软科学，2020（06）：65-76.

[119]原鹏飞，王磊. 我国城镇居民住房财富分配不平等及贡献率分解
　　　研究 [J]. 统计研究，2013，30（12）：69-76.

[120]原鹏飞，冯蕾. 经济增长、收入分配与贫富分化——基于
　　　DCGE 模型的房地产价格上涨效应研究 [J]. 经济研究，2014
　　　（9）：77-90.

[121]黄静，屠梅曾. 房地产财富与消费：来自于家庭微观调查数据的
　　　证据 [J]. 管理世界，2009（07）：35-45.

[122]李骏. 城市住房地位的民生福祉与公平感差异 [J]. 华中科技大
　　　学学报（社会科学版），2017，31（01）：46-57.

[123]欧阳一漪，张骥. 房价对居民主观民生福祉的影响 [J]. 消费经
　　　济，2018，34（05）：84-90.

[124]杨巧，陈诚，张可可. 收入差距、住房状况与民生福祉—基
　　　于 CGSS2003 和 CGSS2013 的实证 [J]. 西北人口，2018，39
　　　（05）：11-20+29.

[125]陈淑云，唐将伟. 公共服务供给不均等加剧了国内房价分化
　　　吗？——基于我国 286 个地级及以上城市面板数据的实证 [J].
　　　经济体制改革，2017（04）：181-187.

[126]张大永，曹红. 家庭财富与消费：基于微观调查数据的分析 [J].
　　　经济研究，2012（s1）：53-65.

[127]余华义，王科涵，黄燕芬. 中国住房分类财富效应及其区位异质

性——基于 35 个大城市数据的实证研究 [J]. 中国软科学，2017（02）：88-101.

[128]余华义，王科涵，黄燕芬. 房价对居民消费的跨空间影响——基于中国 278 个城市空间面板数据的实证研究 [J]. 经济理论与经济管理，2020（08）：45-61.

[129]张传勇，王丰龙. 住房财富与旅游消费——兼论高房价背景下提升新兴消费可行吗 [J]. 财贸经济，2017，38（03）：83-98.

[130]杜莉，沈建光，潘春阳. 房价上升对上海市城镇居民消费的影响 [J]. 金融发展评论，2012，（12）：36-70.

[131]周雅玲，肖忠意，于文超. 通货膨胀、自有住房与城镇居民主观民生福祉 [J]. 中国经济问题，2017，（03）：50-63.

[132]黎熙元，陈福平. 社区论辩：转型期中国城市社区的形态转变. 社会学研究，2008（2）.

[133]李斌. 中国住房改革制度的分割性 [J]. 社会学研究，2002，017（002）：80-87.

[134]张海东，杨城晨. 住房与城市居民的阶层认同 [J]. 社会科学文摘，2017（12）：64-66.

[135]张传勇，罗峰，黄芝兰. 住房属性嬗变与城市居民阶层认同——基于消费分层的研究视域 [J]. 社会学研究，2020，（04）：104-127+243-244.

[136]郭进，徐盈之，顾紫荆. 户籍歧视与城市移民的民生福祉缺失——包含非收入因素的扩展分析 [J]. 山西财经大学学报，2018，40（04）：1-16.

[137]中国人民银行调查统计司，中国城镇居民家庭资产负债调查

[J]. 上海商业，2020（05）：5.

[138]边燕杰，刘勇利. 社会分层、住房产权与居住质量——对中国"五普"数据的分析 [J]. 社会学研究，2005（03）：82-98+243.

[139]魏立华，李志刚. 中国城市低收入阶层的住房困境及其改善模式 [J]. 城市规划学刊，2006（02）：74-80.

[140]刘祖云，胡蓉. 城市住房的阶层分化：基于 CGSS2006 调查数据的分析 [J]. 社会，2010，30（05）：164-192.

[141]刘祖云，毛小平. 中国城市住房分层：基于 2010 年广州市千户问卷调查 [J]. 中国社会科学，2012，02：94-109+206-207.

[142]温忠麟，张雷，侯杰泰. 中介效应检验程序及其应用 [J] 心理学报，2004，36（05）：614-620.

[143]温忠麟，叶宝娟. 中介效应分析：方法和模型发展 [J]. 心理科学进展，2014，（05）.

[144]潘彬，金雯雯. 货币政策对民间借贷利率的作用机制与实施效果 [J]. 经济研究，2017（08）78-93.

[145]张伊娜，周双海. 住房不平等的阶层测度：基于上海六普数据的分析 [J]. 社会科学，2014（04）：81-89.

[146]刘升. 房地产的社会阶层固化性 [J]. 公安研究，2014，32（09）：91-91.

[147]吴开泽. 住房市场化与住房不平等——基于 CHIP 和 CFPS 数据的研究 [J]. 社会学研究，2019，（06）：89-114+2 44.

[148]杨凡. 家庭经济因素对家庭民生福祉的影响研究——基于北京市调查数据的实证分析 [J]. 人口与发展，2015，21（06）：78-86+109.

[149] 敖翔，张刚. 住房产权对家庭生活的影响研究——基于消费、储蓄和主观民生福祉的视角 [J]. 中国物价，2018，（06）：81-83.

[150] 黎熙元，陈福平. 社区论辩：转型期中国城市社区的形态转变. 社会学研究，2008（02）.

[151] 刘精明，李路路. 阶层化：居住空间、生活方式、社会交往与阶层认同——我国城镇社会阶层化问题的实证研究 [J]. 社会学研究，2005（03）：52-81.

[152] 魏淑娟，程赛琰. 住房政策改革下单位社区分层现象探析——以 L 市 X 区为例 [J]. 中国行政管理，2014，（02）：65-69.

[153] 蒋亮，冯长春. 基于社会——空间视角的长沙市居住空间分异研究 [J]. 经济地理，2015，35（06）：78-86.

[154] 郭进，徐盈之，顾紫荆. 户籍歧视与城市移民的民生福祉缺失——包含非收入因素的扩展分析 [J]. 山西财经大学学报，2018，40（04）：1-16.

[155] 刘晔，潘卓林，冯嘉旋，陈宏胜，刘于琪. 中国大城市保障房居民情绪民生福祉影响因素——以广州市为例 [J]. 热带地理，2019，39（02）：180-187.

[156] 边燕杰，约翰·罗根，卢汉龙，潘允康，关颖. "单位制"与住房商品化 [J]. 社会学研究，1996（01）：83-95.

[157] 李喜梅. 从社会分层看住房差异——对湖北省"五普"资料的分析 [J]. 社会，2003（07）：9-11.

[158] 蔡禾，黄建宏. 谁拥有第二套房？——市场转型与城市住房分化 [J]. 吉林大学社会科学学报，2013，53（04）：102-114+175-

176.

[159]李路路，马睿泽. 住房分层与中国城市居民的公平感——基于
CGSS 2003、CGSS2013 数据的分析 [J]. 中央民族大学学报（哲
学社会科学版），202 0，47（06）：56-65.

[160]宁薛平，文启湘. 中国居民房贷幸福指数影响因素及作用路
径——理论分析与实证研究 [J]. 财经研究，2011，37（11）：
27-38.

[161]王兴中，王非. 国外城市社会居住区域划分模式 [J]. 国外城市规
划，2001，03（03）：31-31.

[162]蒋亮，冯长春. 基于社会—空间视角的长沙市居住空间分异研
究 [J]. 经济地理，2015，35（06）：78-86.

[163]叶裕民，牛楠. 转型时期城中村改造：基于农民工住宅选择的
实证研究 [J]. 经济与管理研究，2012（04）：18-25.

[164]邓大伟，诸大建. 保障性住房提供的强制性指标配建模式探
讨——基于住房的属性 [J]. 城市发展研究，2009，16（01）：
131-134.

[165]丁述磊. 公共服务对居民主观民生福祉的影响——基于医疗、
住房、就业服务视角 [J]. 东北财经大学学报，2016，（01）：
77-84.

[166]赵洁，杨政怡. 基本公共服务供给增加居民的主观民生福祉了
吗？——基于 CGSS2013 数据的实证分析 [J]. 西安财经学院学
报，2017，30（06）：80-86.

[167]李强. 转型时期城市"住房地位群体" [J]. 江苏社会科学，2009
（04）：48-59.

二、外文文献

［1］Wan Guanghua 2008 e d Inequality and Growth in Modern China Oxford University Press.

［2］Rex, J. and Moore, R. 1967, Race, Community and Conflict, Oxford University Press.

［3］Watt, Paul. Social Stratification and Housing Mobility[J]. Sociology, 1996, 30（3）: 533-550.

［4］Saunders P. Beyond housing classes: the sociological significance of private property rights in means of consumption[J]. International Journal of Urban & Regional Research, 2010, 8（2）: 202-227.

［5］Crowder, K. D. Racial Stratification in the Actuation of Mobility Expectations: Microlevel Impacts of Racially Restrictive Housing Markets[J]. Social Forces, 2001, 79（4）: 1377-1396.

［6］Rebhun U. Immigration, ethnicity, and housing—Success hierarchies in Israel[J]. Research in Social Stratification and Mobility, 2009, 27（4）: 1-243.

［7］Bayer, Mcmillan R. Tiebout sorting and neighborhood stratification [J]. Working Papers, 2012, 96（11-12）.

［8］Acolin A. Housing trajectories of immigrants and their children in France: Between integration and stratification[J]. Urban Studies, 2019, 56（10）: 2021-2039.

［9］Graves E M. The Structuring of Urban Life in a Mixed-Income Housing "Community" [J]. city & community, 2010, 9（1）:

109-131.

[10]Dwyer M J. What happens when religion and fair housing rights clash？[J]. 2011.

[11]Martinez Brandon P. ，Hamilton Tod G. ，Korver Glenn Elizabeth，Pfeffer Fabian T. ，Killewald Alexandra，Rosenbaum Emily，Friedman Samantha，Tran Van C. ，Lee Jennifer，Khachikian Oshin，Lee Jess. Emerging Structure of Housing Stratification：Visualizing Homeownership by Generational Status，1995 to 2019 [J]. Socius，2020，6（6）.

[12]Shlay，Anne B. Life and Liberty in the Pursuit of Housing：Rethinking Renting and Owning in Post-Crisis America[J]. Housing studies，2015.

[13]Wu Y，Chen J，B ian Z，et al. Housing，Housing Stratification，and Chinese Urban Residents' Social Satisfaction：Evidence from a National Household Survey[J]. Social Indicators Research，2020（5）.

[14]Chuntian L U，Cheng G，Xian Jiaotong University，et al. Housing Inequality in Transitional China：Evidence from the Aggregated Census and CGSS 2010 Data[J]. Journal of East China University of Science & Technology，2015.

[15]Tan S，Wang S，Cheng C. Change of Housing Inequality in Urban China and Its Decomposition：1989–2011[J]. Social Indicators Research，2016，22（4）：1 -17.

[16]Conley D. A Room with a View or a Room of One's Own？

Housing and Social Stratification [J]. Sociolog-ical Forum, 2001, 16（2）: 263-280.

[17]Dwyer R E. The McMansionization of America? Income stratification and the standard of living in housing, 1960–2000[J]. Research in Social Stratification & Mobility, 2009, 27（4）: 0-300.

[18]Schill M H, Wachter S M. Housing market constraints and spatial stratification by income and race[J]. Housing Policy Debate, 1995, 6（1）: 141-167.

[19]Lux M, Sunega P, Katrnak T. Classes and Castles: Impact of Social Stratification on Housing Inequality in Post-Socialist States[J]. European Sociological Review, 2013, 29（2）: 274-288.

[20]Tesfai R. The Interaction between Race and Nativity on the Housing Market: Homeownership and House Value of Black Immigrants in the United States[J]. International Migration Review, 2015.

[21]Martin, Lux, Petr, et al. Classes and Castles: Impact of Social Stratification on Housing Inequality in Post-Socialist States[J]. Eur Sociol Rev, 2013.

[22]Consumer spending and monetary policy: the linkages. 1971. Federral Reserve Bank of Boston Conference Series, （5）: 9-84.

[23]Wealth effects on consumption: microeconometric estimates from the Spanish survey of household finances[J]. Documentos de

trabajo del Banco de España, 2005: págs. 9-34.

[24]Campbell J Y, Cocco J F. How do house prices affect consumption? Evidence from micro data[J]. Journal of Monetary Economics, 2007, 54（3）: p. 591-621.

[25]Lux M, Sunega P, Katrnak T. Classes and Castles: Impact of Social Stratification on Housing Inequality in Post-Socialist States[J]. European Sociological Review, 2013, 29（2）: 274-288.

[26]Dwyer R E. The McMansionization of America? Income stratification and the standard of living in housing, 1960–2000[J]. Research in Social Stratification & Mobility, 2009, 27（4）: 0-300.

[27]Zhou M, Logan J R. Market transition and the commodification of housing in urban China. International Journal of Urban and Regional Research, 1996, 20（3）: 400-421.

[28]Bian, Yanjie, John Logan. Market Transition and the Persistence of Power: The Changing Stratification System in Urban China[J]. American Sociological Review, 1996, 61（5）: 739-758.

[29]Xiaoping M, Law S O. House Purchasing: Housing Stratification and Self-Selected Mobility in Institutional Transition[J]. Chinese Journal of Sociology, 2014.

[30][30]. Neugarten B L, Havighurst R J, Tobin S S. The measurement of life satisfaction[J]. Journal of gerontology, 1961, 134-143.

［31］Shin, D. C. &D. M. Johnson, 1978, Avowed Happiness as an Overall Assessment of the Quality of life. Social indicator Research, （5）.

［32］Watson D, Clark L A. Negative affectivity: the disposition to experience aversive emotional states[J]. Psychological bulletin, 1984, 96 （3）: 465.

［33］Diener E, Emrnons RA, Larsen R J, et al. The satisfaction with life scale[J]. Journal of personality assessment, 1985, 49 （1）: 71-75.

［34］Diener, E. , Suh E. , Lucas, R. E. &H. L. Smith, 1999, Subjective Well-being: Three Decades of Progress. Psychological Bulletin.

［35］Diener E. Subjective well-being: The science of happiness and a proposal for a national index[J]. American psychologist, 2000, 55 （1）: 34-43.

［36］Easterlin R A. Does economic growth improve the human lot? Some empirical evidence[J]. Nations and households in economic growth, 1974, 89: 89-125.

［37］Veenhoven R. Is happiness a trait? [J]. Social indicators research, 1994, 32 （2）: 101-160.

［38］Oswald A J. Happiness and economic performance[J]. The economic journal, 1997, 107 （445）: 1815-1831.

［39］Hagerty M R, Veenhoven R. Wealth and happiness revisited- growing national income does go with greater happiness[J]. Social indicators research, 2003, 64（1）: 1-27.

［40］Diener, E. , Suh E. , Lucas; R. E. &Oishi. , 一 2002, Subject Well-Being. In C. R. Snyder&Shane J Lopez（Eds. ）, Handbook of Positive Psychology New York: Oxford University Press.

［41］Andrews F M, Withey S B. Social indicators of well-being: The development and measurement of perceptual indicators[J]. New York: Plenum. doi, 1976, 10: 978-991.

［42］Diener, R A, Emmons. The independence of positive and negative affect. [J]. Journal of personality and social psychology, 1984.

［43］Lyubomirsky S, Lepper H S. A measure of subjective happiness: Preliminary reliability and construct validation. Social indicators research, 1999, 46（2）: 137-155.

［44］Veenhoven, R. J. Ehrhardt, M. S. D. Ho, A. de Vries. Happiness in Nations: Subjective Appreciation of Life in 56 Nations 1946-1992. Erasmus University Rotterdam, 1993.

［45］Oswald A J. Happiness and Economic Performance[J]. Economic Journal, 1997, 107,（445）: 1815-1831.

［46］Ferrer-I-Carbonell A. Income and well-being: an empirical analysis of the comparison income effect[J]. Journal of Public Economics, 2005, 89（5-6）: 997-1019.

［47］Delhey, J. , U. Kohler, Is Happiness Inequality Immune to Income Inequality? New Evidence Through Instrument-Effect-Corrected Standard Deviations. Social Science Resarch, 2011,

40（3）：742-756.

［48］Okulicz-Kozaryn A，Mazelis J M. More Unequal in Income，More Unequal in Wellbeing[J]. Social Indicators Research，2017，132（3）：953-975.

［49］Rafael Di Tella，Robert J. MacCulloch，Andrew J. Oswald. Preferences over Inflation and Unemployment：Evidence from Surveys of Happiness，The American Economic Review[J]. ，2001，91（1），335-341.

［50］Keith Cox. Happiness and Unhappiness in the Developing World：Life Satisfaction Among Sex Workers，Dump-Dwellers，Urban Poor，and Rural Peasants in Nicaragua[J]. Journal of Happiness Studies，2012.

［51］Fafchamps M，Shilpi F. Subjective welfare，isolation，and relative consumption[J]. Journal of Development Economics，2006，86（1）：43-60.

［52］Tella R D，Macculloch R J，Oswald A J. The Macroeconomics of Happiness[J]. Review of Economics & Stats，2003，85（4）：809-827.

［53］David G. Blanchflower，Andrew J. Oswald，Andrew Clark，. Well-Being Over Time in Britain and the USA[J]. Journal of Public Economics，2000，88（7）：1359-1386.

［54］Orsolya Lelkes. Tasting freedom：Happiness，religion and economic transition[J]. Journal of Economic Behavior & Organization，2002，59（2）：173-194.

［55］Easterlin R A. Does Economic Growth Improve the Human Lot? Some Empirical Evidence[J]. 1974, Pages 89-125.

［56］Easterlin R A. Will raising the incomes of all increase the happiness of all? [J]. Journal of Economic Behavior & Organization, 1995, 27（1）：35-47.

［57］Layard R, Mayraz G, Nickell S J. The Marginal Utility of Income[J]. Journal of Public Economics, 2007, 92（8）. 1846-1857.

［58］Oswald A J, Powdthavee N. Does Happiness Adapt? A Longitudinal Study of Disability with Implications for Economists and Judges[J]. IZA Discussion Papers, 2006, 92（5）：1061-1077.

［59］Stevenson B, Wolfers J, Stevenson B, et al. © notice, is given to the source. Subjective Well-Being and Income：Is There Any Evidence of Satiation? [J]. 2013.

［60］Appleton, S. and L. Song, "Life Satisfaction in Urban China：Components and Determinants", World Development, 2008, 36, 2325-2340.

［61］Knight, J., L. Song and R. Gunatilaka, "Subjective Well-being and Its Determinants in Rural China", China Economic Review, 2009, 20, 635–649.

［62］Aldous, J, Ganey, et al. Family Life and the Pursuit of Happiness：The Influence of Gender and Race[J]. Journal of Family Issues, 1999.

[63]Nelson J A. Getting past "rational man/emotional woman": comments on research programs in happiness economics and interpersonal relations[J]. International Review of Economics, 2010, 57（2）: 233-253.

[64]Bernd Hayo a b, Wolfgang Seifert c. Subjective economic well-being in Eastern Europe -ScienceDirect[J]. Journal of Economic Psychology, 2003, 24（3）: 329-348.

[65]Fortin N, Helliwell J, Wang S. How Does Subjective Well-being Vary around the World by Gender and Age? [M]// World Happiness Report 2015. 2015.

[66]Steptoe, A, Deaton, et al. Subjective wellbeing, health, and ageing [J]. Lancet London, 2015.

[67]Blanchflower D G, Oswald A J. Well-being over time in Britain and the USA[J]. Journal of Public Economics, 2004, 88.

[68]Case, Anne, Lubotsky, et al. Economic Status and Health in Child ho-od: The Origins of the Gradient. [J]. American Economic Review, 2002.

[69]Newland L A, Lawler M J, Giger J T, et al. Predictors of Children's Subjective Well-Being in Rural Communities of the United States[J]. Child Indicators Research, 2015.

[70]Davies, J. , S. Sandstrom, A. Shorrocks and E. Wolff, 2009, "The Level and Distribution of Global Household Wealth", NBER Working Paper 15508.

[71]Kingston, P. and J. Fries, 1994, "Having a Stake in the

System: The Sociopolitical Ramifications of Business and Homeowner sh -ip", Social Science Quarterly, 75, 679-686.

[72]Haurin, D., T. Parcel and R. Haurin, 2002, "Does Homeownership Affect Child Outcomes?", Real Estate Economics, 30, 635-666.

[73]Nettleton, S. and R. Burrows, 1998, "Mortgage Debt, Insecure Homeownership and Health: An Exploratory Analysis", Sociology of Health and Illness, 20, 731-753.

[74]Balfor, D. and J. Smith, 1996, "Transforming Lease-Purchase Housing Programs for Low Income Families: Towards Empowerment and Engagement", Journal of Urban Affairs, 18, 173—188.

[75]Bucchianeri, G., 2009, "The American Dream? The Private and External Benefits of Homeownership", Working Paper, The Wharton School of Business.

[76]Fernandez-Villaverde J, Krueger D. Consumption and Saving over the Life Cycle: How Important are Consumer Durables? [J]. Macroeconomic Dynamics, 2011, 15（5）: 725-770.

[77]Gan, J., 2010, "Housing Wealth and Consumption Growth: Evidence from a Large Panel of Households", Review of Financial Studies, 23, 2229-2267.

[78]Haurin D R, Dietz R D. The Social and Private Micro-Level Consequences of Homeownership[J]. Journal of Urban Economics, 2003, 54（3）: 401-450.

[79]Conley D. A Room with a View or a Room of One's Own? Housing and Social Stratification [J]. Sociolog-ical Forum, 2001, 16（2）: 263-280.

[80]Bucchianeri G W. The American Dream or the American Delusion? The Private and External Benefits of Homeownership for Women[J]. Social Science Electronic Publishing, 2011.

[81]Cheng Z, King S P, Smyth R, et al. Housing property rights and subjective wellbeing in urban China[J]. European Journal of Political Economy, 2016, 45.

[82]Wei Chen, Xiaogang Wu, Jia Miao Housing and Subjective Class Identification in Urban China, [J]. 2019.

[83]Zhang F, Zhang C, Hudson J. Housing conditions and life satisfaction in urban China[J]. Cities, 2018, 81.

[84]Davis K, Moore W E. some principles of stratification[J]. America Sociology Review, 1945, 10: 242-249.

[85]Zhang, Fang. Modelling the housing market and housing satisfac t -ion in urban China[J]. 2014.

[86]Zhang C, Zhang F. Effects of housing wealth on subjective well-being in urban China[J]. Journal of Housing and the Built Environment, 2019.

[87]Angrist, S. S. Dimensions of Well-Being in Public Housing Families[J]. Environment and Behavior, 1974, 6（4）: 495-516.

[88]C. J, Martin, and, et al. Housing conditions and ill health[J].

Journal of Ethnopharmacology, 1988, 22（3）: 323-323.

[89]Liang Z, Zhang T. Emigration, Housing Conditions, and Social Stratification in China[J]. International Migration Review, 2006, 38（2）: 686-708.

[90]Form W H. Stratification in Low and Middle Income Housing Areas[J]. Journal of Social Issues, 2010, 7（1-2）: 109-131.

[91]Hu F. Homeownership and Subjective Wellbeing in Urban China: Does Owning a House Make You Happier? [J]. Social Indicators Research, 2013, 110（3）: 951-971.

[92]Saunders P. Social class and stratification [M]. London: Routledge, 1990.

[93]Nee V. Social inequalities in reforming state socialism: Between redistribution and markets in China. Americana So-ciological Review , 1991, 55: 267-282.

[94]Bian Y-J Logan J R. Market transition and the persistence of power. Americana Sociological Review 1996, 61（5）: 739-75.

[95]Neugarten B L, Havighurst R J, Tobin S S. The measurement of life satisfaction[J]. Journal of gerontology, 1961, 134-143.

[96]Shin, D. C. &D. M. Johnson, 1978, Avowed Happiness as an Overall Assessment of the Quality of life. Social indicator Research,（5）.

[97]Watson D, Clark L A. Negative affectivity: the disposition to experience aversive emotional states[J]. Psychological bulletin,

1984, 96（3）: 465.

[98]Diener E, Emrnons RA, Larsen R J, et al. The satisfaction with life scale[J]. Journal of personality assessment, 1985, 49（1）: 71-75.

[99]Diener, E. , Suh E. , Lucas, R. E. &H. L. Smith. Subjective Well-being: Three Decades of Progress[J]. Psychological Bulletin, 1999.

[100]Diener E. Subjective well-being: The science of happiness and a proposal for a national index[J]. American psychologist, 2000, 55（1）: 34-43.

[101]Easterlin R A. Does economic growth improve the human lot? Some empirical evidence[J]. Nations and households in economic growth, 1974, 89: 89-125.

[102]Veenhoven R. Is happiness a trait? [J]. Social indicators research, 1994, 32（2）: 101-160.

[103]Oswald A J. Happiness and economic performance[J]. The economic journal, 1997, 107（445）: 1815-1831.

[104]Hagerty M R, Veenhoven R. Wealth and Happiness Revisited: Growing wealth of nations does go with greater happiness[J]. Social Indicators Research, 2003, 64（1）: 1-27.

[105]Andrews F M, Withey S B. Social indicators of well-being: The development and measurement of perceptual indicators[J]. New York: Plenum. doi, 1976, 10: 978-991.

[106]Diener, R A, Emmons. The independence of positive

and negative affect. [J]. Journal of personality and social psychology, 1984.

[107]Frey, B. and A. Stutzer, "What Can Economists Learn from Happiness Research?" [J]. Journal of Economic Literature, 2002（40）: 402-435.

[108]Fernandez-Villaverde J, Krueger D. Consumption and Saving over the Life Cycle: How Important are Consumer Durables? [J]. Macroeconomic Dynamics, 2011, 15（5）: 725-770.

[109]Gan, J., 2010, "Housing Wealth and Consumption Growth: Evidence from a Large Panel of Households" [J]. Review of Financial Studies, 2229-2267.

[110]Ronald R. Comparing Homeowner Societies: Can we Construct an East-West Model? [J]. Housing Studies, 2007, 22（4）: 473-493.

[111]Arundel, Rowan. Equity Inequity: Housing Wealth Inequality, Inter and Intra-generational Divergences, and the Rise of Private Landlordism[J]. Housing Theory & Society, 2017, 34（2）: 176-200.

[112]Poterba J M. Stock Market Wealth and Consumption[J]. The journal of economic perspectives, 2000, 14（2）: p. 99-118.

[113]Ludwig A, Sloek T M. The Impact of Changes in Stock Prices and House Prices on Consumption in OECD Countries[J]. Social Science Electronic Publishing, 2002, 02（1）.

[114]Ozer Y B, Tang K K. An Empirical Analysis of Financial and

Housing Wealth Effects on Consumption in Turkey[J]. Mrg Discussion Paper, 2008.

[115]Au D Y. Stock market wealth, housing wealth and consumption: evidence from emerging asian countries[J]. 2010.

[116]Çiğdem Akın. Stock Market Fluctuations, Housing Wealth and Consumption Behaviour in Turkey[J]. Housing Finance International, 2014.

[117]Williams T P, Lee A Y. Understanding Consumer Enjoyment and Happiness[J]. Advances in Consumer Research, 2006.

[118]Baron R M, Kenny D A. The moderator-mediator variable distinc-tion in social psychological research: conceptual, strategic, and statistical considerations[J]. Journal of personality and social psychology, 1986, 51（6）: 1173-1182.

[119]Alesina, A., R. Di Tella and R. MacCulloch. Inequality and Happiness: Are Europeans and Americans Differen[J]. Journal of Public Economics, 2004, 88（9-10）: 2009-2042.

[120]Prince B, John D. A study of the relationships between housing patterns, social class and political attitudes in three Auckland electorates [J]. 1985.

[121]Graves E M. The Structuring of Urban Life in a Mixed-Income Housing "Community"[J]. city & community, 2010, 9（1）: 109-131.

[122]Martinez Brandon P., Hamilton Tod G., Korver Glenn Elizabeth, Pfeffer Fabian T., Killewald Alexandra, Rosenbaum

Emily，Friedman Samantha，Tran Van C.，Lee Jennifer，Khachikian Oshin，Lee Jess. Emerging Structure of Housing Stratification：Visualizing Homeownership by Generational Status，1995 to 2019 [J]. Socius，2020，6（6）.

[123]Liu，Z.，Wang，Y.，& Tao，R.（2013）. Social capital and migrant hous-ing experiences in urban China：A.

[124]Prince B，John D. A study of the relationships between housing patterns，social class and political attitudes in three Auckland electorates [J]. 1985.